JN309366

ソーシャルワーク　協働の思想――〝クリネー〟から〝トポス〟へ

目次

ソーシャルワーク　協働の思想―〝クリネー〟から〝トポス〟へ

まえがき　7

I-1　アイデンティティ拡散の危機　佐々木敏明――9
先達の実践から学ぶ　11
精神保健福祉士の現状と課題　20
新たな地平を拓くために　23

I-2　「協働」の思想、ソーシャルワークに帰れ　柏木　昭×佐々木敏明――31
歴史に学ぶ―精神保健福祉士の専門性について　32
「Y問題」と専門性　40
専門性と資格制度　50

精神保健福祉士への期待　56
「協働」を求めて　62

I-3 〝トポス〟の創造とソーシャルワーカー　柏木　昭――73
日本精神医学ソーシャル・ワーカー協会設立の時代背景　74
「Y問題」の提起　77
厚生省「医療ソーシャルワーカー業務指針」と日本精神医学ソーシャル・ワーカー協会　79
福祉における閉塞状況　80
ソーシャルワークにおける「時間」の考え方　83
ソーシャルワーカーの姿勢、再検討　85
ソーシャルワーカーにとってコミュニティとは何か　86
トポスについて　87
「協働」ということ　89
自立するクライエント―アセスメントの再検討　91
ソーシャルワーカーの立ち位置と自己開示　92
地域ネットワークの展開　94
まとめ―クライエントの生活支援に未来を開く　95

Ⅱ-1 ソーシャルワーカーの権威性　柏木　昭――99
1 ソーシャルワーカーと権力　100
2 ソーシャルワーカーの権威性　108
3 教え、学ぶ―スーパービジョンにおける権威性　111
4 地域とは何か　114
Ⅱ-2 スーパービジョン論　佐々木敏明――121
1 スーパービジョンの意義と課題　122
2 スーパービジョンの目的と機能　125
3 スーパービジョンの方法とプロセス　134
4 スーパーバイザーになるということ　140
Ⅲ 解題に代えて　荒田　寛――143
1 日本精神保健福祉士協会と私　145
2 ソーシャルワーカーとしての責任　149
3 場（トポス）を拠点に地域を創る　156
4 「かかわり」に関連して　161

あとがき　167
引用文献
参考文献
初出誌等一覧

まえがき

「思いやり」は人間にとって社会生活の基礎的な条件である。それだけなら、大方の人にできる。しかし、「思いやり」は実はきわめて自己中心的な態度でもある。自分の方だけ勝手に相手を思いやったところで、必ずしも、相手に気持ちが伝わるものだと太鼓判を押すことはできない。相手の立場に立ってはじめて、それはよい実を結ぶであろう。

相手の立場に立つということは物理的な意味合いではなく、熟成した「かかわり」のなかで、相手の話に聴くことである。相手に代わって弁護することでもない。また、「話の裏を聞け」という言い方がある。これは俗語事典などに載っている用法で、説明に「話を聞くときは、表面のみだけではなく、隠された裏の意味も考えなければならない」とある。これは相手の立場に立った聞き方とはいえない。これも「思いやり」と同じく自己中心的な手法といわなければならない。

いずれの例でも、「かかわり」がなければ全く無意味な対面になってしまうことを例証している。相手との間の「かかわり」の形成に配慮がなされていないのである。たとえば、先の「話の裏を聞け」というのはよくいえば、診断的といえよう。が、相手を信用していない言い方であることは自明である。したがって「相手の話を聞く」のではなく、「相手の話に聴く」でなければならない。後者には相手の気持ちに寄り添いながら、かかわりを共につくっていこうとする姿勢がみられる。

本書はこういう「かかわり」とその形成についての考察である。内容は昨年三月、静岡県精神保福祉士協会冬季研修会で行った佐々木氏との対談と、日本精神保健福祉士協会全国大会における佐々木氏および私の講演に加筆修正を加えたものが柱となっている。また、荒田氏には今回、この集成論集のために解題を兼ねて特別に寄稿していただいた。

書名副題に掲げた「クリネー」という言葉は臨床という意味である。また「トポス」は地域の場であり、人の住む場を指している。ソーシャルワーカーは職場が病院であると地域であるとを問わず、クリネーの密室から飛び出し、開かれたトポスを見通す視点でかかわりをもたなければならないのである。この表題を提起していただいたのは、へるす出版の中村尚氏である。時宜にかなった企画に謝意を表する次第である。

幸いにして、本書が読者の方々の日ごとの、必ずしもやさしくない活動に何らかの刺激となって、よい意味での力を活かしてクライエントとのかかわり形成の一助になればこのうえない喜びである。

二〇一〇年五月吉日

柏木　昭　識す

I-1

アイデンティティ拡散の危機

佐々木敏明

I

1 アイデンティティ拡散の危機

佐々木敏明

はじめに

私は、一九六八（昭和四三）年からＰＳＷ（psychiatric social worker）として現場で約二十年、教員としてソーシャルワーカーの養成に携わるようになってから十五年になりました。この間、ＰＳＷとは何か、一人前のＰＳＷになるということはどういうことなのかにこだわり、教員になってからは、学生に何を伝えることが、ソーシャルワーカーとしての成長と力量形成の土台になるのかを考えてきました。

今回は、国家資格化十年という節目の年の全国大会*であるということ、しかもわが国のＰＳＷの歴史の中で、そのアイデンティティが問われる契機となった「Ｙ問題」が提起された場において開催されるという意義をもっています。この機会に、一人の平凡なＰＳＷの経験を下敷きにしながら、皆さんと共に先達の実践や協会活動を振り返り、精神保健福祉士の置かれている現状をどのようにとらえるのか、さらに、これからの精神保健福祉士を展望しながら、何を大切にして新たな地平を切り拓いていけばよいのかという、三つの柱を立ててお話をさせていただきたいと思います。

先達の実践から学ぶ

私がＰＳＷの先達の実践や日本精神保健福祉士協会（以下、協会）の歴史に関心をもつようになったのは、そこにＰＳＷとしての自分の迷いや揺らぎと重なり合う部分があったからです。ヘッケル（Haeckel, E. H.）の「個体発生は系統発生を繰り返す」という生物学の仮説がありますが、一人のＰＳＷの専門性や力量の形成、成長の節目もまた先達の実践や協会の歴史の節目と重なり、繰り返すという面があるのではないかと考えたわけです。その意味で、協会の『日本精神保健福祉士協会40年史』の編纂にかかわらせていただいたことは、自らの振り返りとしてもたいへん勉強になりました。

ＰＳＷの歴史を振り返る

最初に、ＰＳＷの歴史を導入・試行期、混乱・模索期、確立・展開期、拡大・自立期の四期

＊第 44 回社団法人日本精神保健福祉士協会全国大会／第 7 回日本精神保健福祉学会

に分けて、その時々の節目、危機と、それを乗り越えて獲得したＰＳＷとしての遺産を確認したいと思います。

導入・試行期

わが国にも、精神障害者に対する社会福祉の実践は、呉秀三先生が始めた慈善救治会活動や構想の段階でしたが「遊動事務員」などいろいろありましたが、ここでは一九四八（昭和二三）年、国立国府台《こうのだい》病院に「社会事業婦」の名称でＰＳＷが配置されたときを始まりとします。村松常雄先生など、アメリカに留学し力動精神医学を学んだ精神科医師たちが、臨床チームの考え方を持ち帰り、そのチームメンバーとしてＰＳＷを大学病院や研究所などに配置したのです。ケースワークを中心とした当時のアメリカのＰＳＷは、専門性を確立しようとする過程のなかで精神分析の影響を強く受けていました。

また、少し遅れますが、一九五〇年代から六〇年代にかけて、大学で社会福祉を学んだＰＳＷが徐々に精神科病院にも配置されるようになります。当時、ブームといわれるほど精神科病院が急増して、収容施設化していく反面、向精神薬が登場して、入院患者の社会復帰の可能性が高まるという矛盾のなかで、ＰＳＷは、社会復帰を援助する要員としてだけではなく、精神科特例のもとでのマンパワー不足を補う期待もあって採用されたように思います。

したがって、民間の精神科病院に採用されたＰＳＷのなかには、ＰＳＷが患者を多く退院させすぎたということで解雇されるなど、不安定な雇用関係のなかで「雑用係」「便利屋」と自嘲的にいわなければならないほど、雑多な業務に取り組むことを余儀なくされていました。PSWの第一の危機といってよいかもしれません。

同じPSWといっても臨床チームのメンバーとして導入されたPSWと、精神科病院で働くPSWとでは置かれている状況が全く違っていました。しかし、精神障害者が障害者福祉制度の枠外にあったこともあって、温度差はあってもPSWとして精神障害者のソーシャルワーク実践を模索し、「専門性の追求と身分法の確立を求める」ということでは一致していました。その思いが、一九六四(昭和三九)年、日本精神医学ソーシャル・ワーカー協会(現、社団法人日本精神保健福祉士協会)を発足させる力となっていくわけです。

混乱・模索期

ライシャワー駐日アメリカ大使刺傷事件が契機となって、翌一九六五(昭和四〇)年、精神衛生法が改正されます。改正された精神衛生法では、隔離収容の傾向の強い精神科病院のあり方や社会復帰のための基盤整備にほとんど手がつけられないまま、保健所・精神衛生センター体制が法制化され、「早期発見・早期治療」と「アフターケア」を掲げた地域精神衛生活動がスタートしました。そして、PSWや講習を受けた保健師が精神衛生相談員として、その一翼を担うことになったのです。

このようななかで、一九七三（昭和四八）年、神奈川県で開催された協会の第九回全国大会において「Y問題」が提起されたわけです。保健所、精神衛生センターのPSWが、家族の訴えから、本人に会うことも話を聞くこともなく、Yさんを精神障害の疑いがあると判断し、警察官の応援を求めて精神科病院に強制的に入院させたという事件です。当事者のYさんから、PSWが精神衛生法によって負わされている社会防衛的機能に無自覚であることの加害性、PSWの専門性のあり方が告発されたのです。

精神衛生法改正によって、精神衛生相談員が制度的に位置づけられて、その役割期待に応えようとするあまり、クライエントの悩み、苦しみを受け止めるところから出発するというソーシャルワーカーとしてのかかわりが二の次になり、医療に結びつける方向を優先させた結果、Yさんの人権を侵害することになってしまったのです。誰のための、何のための専門性かというPSWのアイデンティティが問われたわけです。PSWにとっての第二の危機です。協会活動は、「Y問題」を継承するという、どちらかというと内向きの課題に取り組むことになります。

協会活動が正常化したのは、一九八二（昭和五七）年、札幌で開催された第十八回全国大会です。PSWの専門性の基盤としての人権の尊重と、「精神障害者の社会的復権と福祉のための専門的・社会的活動を進める」ことを基本方針とする「札幌宣言」が採択され、正常化へと向かうことになったのです。

振り返ると、当時私も、精神衛生センターのPSWとして同じような状況のなかで実践をしていましたが、ＰＳＷの加害者性の提起に対する戸惑いや告発スタイルに対する拒否反応に揺れながら、「Ｙ問題」を面接技術の問題などと、矮小化してとらえ、本質を受け止めきれませんでした。むしろ、私にとってこの問いかけは、ＰＳＷの歴史を振り返り、先達の実践から学び直すなかで、特に国家資格が成立して以降、遅れてリアリティをもってくることになるわけです。

さて、協会が「Ｙ問題」の教訓化に取り組んでいる間も、全国各地でＰＳＷの地道な実践は続いていました。特に一九六〇年代の半ばから、七〇年代になると、単身アパート生活の援助、共同作業所や共同住居づくり、セルフヘルプ・グループの支援など、地域をベースにしたさまざまなかかわりが展開を見せ始めます。

医療の傘の外での社会福祉活動に対する根強い批判にもかかわらず、「やどかりの里」に代表されるように、ＰＳＷがクライエントに押されるかたちで、精神科病院から地域へ飛び出していったのです。

こうしたＰＳＷの実践は、一九八〇（昭和五五）年のＷＨＯの国際障害分類（ＩＣＩＤＨ）などを踏まえて、谷中輝雄先生の「生活のしづらさ」といった独自の概念を生み出し、そこから、クライエントの生活の中にある強みに焦点を当てて、パートナーとしてクライエントの「生活のしづらさ」を支援するという、「生活支援」の新たな地平が切り拓かれるのです。

確立・展開期

一九八四（昭和五九）年の宇都宮病院事件*を契機として、一九八七（昭和六二）年に精神保健法が成立し、精神障害者の社会復帰施設が法定化されました。多くのPSWがそれまでの実践をもとにして、社会復帰施設の設置・運営に携わることを期待されるようになります。

また、翌一九八八（昭和六三）年には、協会は「Y問題」の総括を踏まえ、課題となっていた倫理綱領を坪上宏先生を顧問として起草、制定するとともに、精神障害者を生活者としてとらえることを基本的視点とした「精神科ソーシャルワーカー業務指針」を公にしています。

この指針が、一九九四（平成六）年に設置された「精神科ソーシャルワーカー業務研究会」において国家資格化のための業務内容を整理するもとになるわけです。

わが国の精神科医療の政策転換もあって、PSWは、社会的入院の解消などの担い手として期待されるようになります。

そして、一九九四年に協会は、医療ソーシャルワーカーではなく、PSW単独の国家資格化を求める方針を決定したことから、一九九七（平成九）年の精神保健福祉士法成立へと結びついていくわけです。紆余曲折はありましたが、PSWの国家資格化には、実践の蓄積と協会のソーシャルアクションが重要な役割を果たしたことはいうまでもありません。

拡大・自立期

その時々の施策の優先順位との兼合いもあり、法制化を具体化するうえではやむをえないことなのですが、精神保健福祉士の対象規定は、「精神障害者の社会復帰を支援する」と限定されています。ところが、二〇〇五（平成一七）年に障害者自立支援法が成立し、それまで精神保健福祉法（精神保健及び精神障害者福祉に関する法律）に位置づけられていた社会復帰施設の廃止によって、精神保健福祉士の必置義務がなくなり、障害の特性に対応する精神保健福祉士の位置づけがあいまいになってしまいました。

一方で精神保健福祉士は、精神障害者の生活のしづらさと、地域住民のメンタルヘルスが相補的関係にあることから、ＰＳＷが精神障害者の生活支援のなかで培ってきた実践が認められて領域が拡大することになります。専門分化して閉じられたシステムを開き、つなぐ、特に精神科医療との連携などが職場、学校のメンタルヘルスにとって必要だったわけです。もともと、精神保健福祉士は名称独占資格で、ソーシャルワーカーとしてのＰＳＷの実践をすべてカバーしているわけではありませんから、これは、精神保健福祉士の対象規定の見直しや精神保健福祉士の新たな飛躍の可能性を示しているといっていいでしょう。

同時に、現在、活動領域を拡大してきている精神保健福祉士は、国家資格化以前の実践によってその力量を評価され、転身した人たちが大半です。国家資格誕生後、新たに養成された世代が、直ちに領域の拡大に対応できるかというと疑問です。メンタルヘルスの領域では、精神保

＊職員による患者の虐待、作業療法と称する患者の使役その他による違法な病院経営が問題となった。

健、精神医学の知識や技術が重視されることから、ソーシャルワーカーとしての専門性が確立されないまま活動すると、アイデンティティが拡散してしまう危険性も大きいのです。

極端な言い方ですが、「私は精神保健福祉士であって、ソーシャルワーカーではありません。採用された職場で期待される役割を果たせればよいのです」ということでは、専門職としてのジレンマも成長もありません。その意味で現状は、精神保健福祉士が真の意味で自立した専門職になるための第三の危機ではないかと思います。

危機を乗り越え獲得した遺産

駆け足でＰＳＷと精神保健福祉士の歴史を振り返ってきましたが、ここで、それぞれの危機を乗り越えて何を遺産として獲得し、発展してきたのかを、もう一度確認しておきたいと思います。

第一の危機のなかからは、輸入されたケースワークを、わが国の精神医療福祉の現場で試行錯誤しながら、「かかわり」として自家薬籠中のものとしたことです。病気や障害ではなく、生活者としてのクライエントの苦しみ、悩みに対する共感と自己決定を支えるかかわり、言い換えれば、パターナリズムが支配する現場で「クライエントの自己決定」にかける時間と場づくりの大切さを提起することによってＰＳＷ独自の「かかわり」を主張したことです。

もちろん、導入・試行期の精神分析の影響を受けたケースワークも、安心を送り続けること、助けを求める言葉にならない思いを聴き、読み取ること、さらには抵抗、転移、逆転移など、かかわりの光と影を理解するうえで一度は押さえておかなければならないのではないかと思います。そのうえではじめて、柏木昭先生のいう、精神保健福祉士がクライエントとどういうかかわりをもち、どのくらい良質で有効なかかわりに時間をとったか、クライエントの自己決定はかかわりが熟成するときに現れてくるとする「時熟」論が理解できるように思います。

また、専門性よりも、組織原理や個人の属性を優先するわが国の文化風土の中では、成長のために所属する機関の枠を超えた専門職同士のヨコのつながりをもつことが不可欠です。PSWとして専門性を発揮し、成長する自由を保障されるかどうかはとても重要なことです。この時期、PSWが協会を結成した意義は、その意味で、私たちのいちばん大きな遺産かもしれません。

第二の危機のなかからは、「Y問題」に直面して、PSWが自らの社会的地位の向上や国の施策の推進の役割期待を担うことに目を奪われ、近視眼的になってしまうことへの反省と、わが国の精神障害者の置かれている社会的現実を認識すること、ソーシャルワーカーが培ってきた普遍的な価値である人権と社会正義の原理を、クライエントからの告発を受けるなかで理念として理解するだけではなく、経験として再定義し、理解したことです。それはまた、ソーシャルワーカーの発生の動機となったクライエントの悩み、苦しみを、同じ人間として他人事ではないと感じる内発的な「思いやり」と、社会的不公正に対する「怒り」がソーシャルワーカーを深いところでつき動かしていることの確認でもあったのかもしれません。

また、この時期、ｐＳＷの実践がケースワークの個別のかかわりから地域をベースとした実践へと拡大していくなかで、「やどかりの里」「ＪＨＣ板橋」「べてるの家」や「十勝・帯広地域のソーシャルサポート・ネットワーク」の実践など、スタート時の契機はそれぞれ違っていますが、ＰＳＷがクライエントと協働し、地域課題と地域のもつ力を発見していくという新たな実践をあげることができます。特に地域における「連携・協働」の経験をもったことは大きいことだと思います。

石川到覚先生は、素人、市民、専門家のかかわり、サポートネットワークを創り出すための「つなぐ関係力」を専門性として強調しています。言い換えれば、かかわりから地域社会におけるつながり、協働へという発展です。

現在、領域の拡大も含めて、地域をベースに活動する精神保健福祉士への期待が高まってきたことは、国家資格化されたことも関係ありますが、これもまた、先達によって獲得された遺産が評価された結果であるということがいえると思います。

精神保健福祉士の現状と課題

さて、このような遺産を確認したうえで、現状の第三の危機をどのようにとらえたらよいのか、もう少し考えみたいと思います。

アイデンティティ拡散の危機

一つは、ＰＳＷの領域の拡大がもたらすアイデンティティの拡散の危機ですが、これは、ソーシャルワーカーの専門性をどのようにとらえるかということとかかわってきます。ソーシャルワーカーの歴史を振り返ると、時代によって比重は違いますが、友愛訪問を源流とするケースワーク実践と、セツルメントを源流とする社会改革を進めていくソーシャルアクションが相まって展開してきました。

アイフ（Ife, J. 1997）は、ソーシャルワーカーの考え方を、市場型、管理経営・運営型（マネジメント型）、専門型、コミュニティ型の四つに分けて整理しています。この分け方でみると、わが国でも最近は、市場原理のもとで社会福祉サービスを商品として扱うブローカーとか、社会福祉サービスの効率的配分を管理運営するマネジャーとしてのソーシャルワーカーが施策として期待される傾向がみられます。

特に社会福祉基礎構造改革以降、ブローカーやマネジャーの役割が強調されているのではないでしょうか。もちろん、このような考え方はソーシャルワーカーの機能として重要であることはいうまでもありません。しかし、クライエントの生活より、社会福祉サービスを買える人だけを相手にするブローカーであったり、社会福祉サービスを効率的に管理運営するだけで、開発したり創り出すことのできないマネジャーがソーシャルワーカーといえるのでしょうか。ソーシャルワーカーの実践が、利用するお金が負担できないために必要な福祉サービスを諦めさせたり、就労支援が「働ける人」と「働くことが困難な人」にクライエントを選別して、働くことが困難な人を結果的に排除したりすることになっては本末転倒です。

精神保健福祉士という国家資格を取得しても、ソーシャルワーカーの「人権と社会正義」の原理とクライエントのニーズからスタートするかかわりが抜け落ちるとき、新たな「Y問題」が起こるのではないかと危惧するのです。

精神保健福祉士がソーシャルワーカーとしてのかかわりを忘れ、一方的に問題の処理を代行するウルトラマン的な介入や、「パートナーシップ」を勘違いして友達感覚のつきあいが対等だというような理解にとどまるなら、領域を拡大したとき足元をすくわれるのは明らかです。

障害者自立支援法への対応にしても、自立と支援の間に、クライエントとのかかわりを通して「生活をアセスメントする」精神保健福祉士の実践を位置づけて改革していかなければ、クライエントのニーズに応えることはできません。

もちろん、精神保健福祉士のソーシャルアクションは、評論的に批判したり、反対したりすることではありません。クライエントと協働し、巻き込まれながら、もちこたえ、そのなかでお互いに成長しながら、当たり前の生活を求めて一緒に巻き返していく実践なのです。

新たな地平を拓くために

これまでの話を踏まえてPSWとして成長し、新たな地平を切り拓いていくためには何を大切にしなければならないのかを、ここでもう一度考えてみたいと思います。

自らの立ち位置を振り返る

ソーシャルワーカーの専門性は、いわゆる専門家と素人、生活者の間を循環しながら形成されるという特徴をもっています。専門性は、ソーシャルワーカーの属性というより、クライエントとのかかわり、協働のなかにあるのです。しかし、こうしたかかわり、協働は流動的で不安定なので、どうしても自分の土俵を設定して、そこで権力を誇示したくなってしまいます。ソーシャルワーカーとしての専門性を確立するためには、ソーシャルワーカーとクライエントのかかわりが権力関係になる誘惑と戦わなければなりません。新たな領域で実践する精神保健福祉士もこのことに留意をすることが厳しく求められます。

ところで、ソーシャルワーカーの成長については、早い時期にルイス（Lewis, H.）が、三段階の水準に分けて、（1）テクニシャンといわれる準専門職の水準では、価値や知識を指令として受け取り、社会機関の慣行にそのまま準拠して、主に技術や道具を活用する規則的な実践活動を進めることができる。（2）マスターといわれる専門職の水準では、価値や知識に基づく判断をなし、社会機関の慣行にとどまらず、専門職の流儀に則り多彩な方法を駆使する原則的な実践活動を進めることができる。（3）エキスパートの域に達する上級専門職の水準では、社会機関の慣行や専門職の流儀に加えて個人的な行動様式をも顕現させ、倫理規範の葛藤や理論体系の更新に係る検討も組み込む計画的な実践活動を進める、という報告をしています。これは、全米ソーシャルワーカー協会の（1）基礎専門職レベル、（2）特定（熟練）専門職レベル、（3）独立専門職レベル、（4）高度専門職レベルに区分した、専門職レベルの設定に影響を与えています。また、領域は違いますが、看護の領域でもドレイファスモデル（Dreyfus, S. & Dreyfus, H., 1980）という熟達のステージモデルを下敷きにした研究が行われています。

私は養成教育にかかわる者として、人権感覚とか、「人と状況の全体性」をとらえる社会科学的認識、想像力とでもいうべきものがどのように獲得されていくのかということに関心をもっています。幸いなことに最近、若手の研究者が先達の実践を聞き取り、研究を始めているので、その成果に期待したいと思います。

いずれにしても、私の印象ですが、「成長する精神保健福祉士」にはクライエントとのかかわり重視、クライエント志向のソーシャルワーカーが多いようです。

実践の根拠を明らかにする

精神論のような話になってしまいましたが、私が現場にいたのは、混乱・模索期から確立・展開期の頃で、ちょうど、ＰＳＷの実践が個別のかかわりから地域をベースとした実践に拡大していく時期でした。先駆的実践の中には、現在の精神保健福祉士が暗黙の根拠としている考え方、実践の方向が含まれています。今、精神保健福祉士をめざす人にとっては、これらのことは教科書の中で学ぶしかないのかもしれません。精神保健福祉士としての日常的実践を振り返るだけでなく、それをＰＳＷ、ソーシャルワークの歴史と重ね合わせて学び、ソーシャルワーカーとしての想像力を培うことがより大切になると思います。

当時、私にはＰＳＷとして顔の見えるモデルがいました。たとえば、倫理的なジレンマに遭遇したときは「坪上先生はこんなときどう判断するだろう」と想像の中で対話したものです。

成長のためには、教科書にはない生きたモデルとの出会いが必要であり、かたちはともかく、先輩も含めて仲間との語らいと学び合いが大切になります。

成長するためのアドバイス

最後に、精神保健福祉士が成長するための具体的なアドバイスを初心者（一年から三年）、中堅（五年前後）、ベテラン（十年以上）に分けて述べてみたいと思います。

初心者の精神保健福祉士の場合は、東海ＰＳＷ研究会手引き作成委員会が作成した『新しくＰＳＷになった人びとへ―病院の場合を中心に』（1973）が参考になります。そのなかで、（1）現場をよく観ること、モデルとなる実践をそのまま持ち込もうとするのではなく、（2）仕事のスタイルを自分で創り出していくこと、（3）医師や上司の理解がないからなど、仕事に対する主観的な合理化を避けること、（4）所属機関のなかで自分から新しい問題を見つけて取り組むこと、とまとめられていますが、これは今も変わらず有効なアドバイスだと思います。私はこれに加えて、（5）クライエントとのかかわれなさ、巻き込まれなどの経験を振り返り、クライエントとのかかわり、協働の仕方を学ぶこと、（6）振り返りは一人ではとても難しいので、スーパービジョンが「成長する精神保健福祉士」には欠かせないことを確認しておきたいと思います。

中堅精神保健福祉士の場合は、所属機関の枠の中で、仕事を任され、ポジションも安定することから、ともすると忙しさに自己満足したり、所属機関の都合からしかものが見えなくなったりして、ソーシャルワーカーとしての専門性に対するこだわりが希薄になってしまうことがあります。このことを自覚するかどうかが、中間管理者としての役割に停滞するかどうかの分かれ目になります。中堅の成長が組織や地域全体の実践水準を向上させるといわれていますので、実習生や後輩指導を通して自分の初心者時代の実践を振り返り、謙虚になることと、自分の言葉で実践を語り伝える努力をすることが重要です。また、所属機関の枠から出る勇気をもつこと、さらにセルフヘルプ・グループなどでクライエントの声を聴き、クライエントとの協働から学び続けることがとりわけ大切になります。

ベテランの精神保健福祉士の場合は、協会の支部活動やスーパーバイザーの役割を担うなど、新たな役割に挑戦することが期待されます。加えて、精神保健福祉にかかわるネットワークづくりなどを通して地域の課題を視野に入れた実践が課題になります。

いずれにしても精神保健福祉士は、自らの枠を壊す、壊さざるをえない状況や節目で逃げないことによって成長するのです。そのためには、どの領域で実践していても、また、実践経験にかかわりなく、精神保健福祉士の学びのコミュニティである「日本精神保健福祉士協会」に所属すること、そこでモデルとなる精神保健福祉士と出会い、共に学び合うことが必要不可欠だといえましょう。

おわりに

最後に協会の三代目の理事長として「Y問題」への対応に腐心された小松源助先生訳による、リッチモンド（Richmond, M. E.）の「告別の言葉」を紹介して終わりたいと思います。

「どのような新しい社会改良においても、ソーシャル・ケース・ワークは二つの重要な段階で役割を果たすことになる。ソーシャル・ケース・ワークは、広範な組織的な運動に先んじてなされ、そして劣悪な条件が個人と家族に圧力を及ぼしていることを正しく証拠づけることによって運動を方向づけていく。しかし後になって、ソーシャル・ケース・ワークは新しい立法上・行政上の方策をきめ細かく適用していく場合にも同じように役に立つ。とくに最初の段階で、ソーシャル・ケース・ワークはこれらの新しい方策を実行に移していくよう促進していくうえで重要な役割を担うことができるのである。

もし私が永遠(とわ)の旅に出かけ、おそらく再び戻ってこられないとするならば、私はこれまで多くのよい経験をしてきた家族、ソーシャル・ケース・ワークの同僚に対して自分のまさに最後となる言葉を贈りたいと考えるが、それは次のようになろう。あなた方はコミュニティにある他のサービスや社会的活動と関連させながら自分たちの業務を研究し、発達させなさい。あなた方の日々の業務を徹底的に、しかも全体をふまえ、かつ絶えず念頭において実行していくことを学びなさい。結局のところ、社会は一つの組織をなしているのであるから、あなた方がコミュニティにある公私の社会資源を知り、また、社会の特定の小部分というよりも、むしろ生活の主要な傾向を知るときに、あなた方はその組織の形態のなかに、あなた方自身がもっている独自なものを織りこんでいくことができるのである。気を狂わせるところまでいかなくても、動揺と混乱を引き起こすような妨害にぶつかるとしても、それらにかまうことなく、真の社会進歩が実現していくように、実地に即した歩みを続けていくことに専念しなさい(1)」

［本稿は、第44回社団法人日本精神保健福祉士協会全国大会／第7回日本精神保健福祉学会　基調講演に基づく］

Ⅰ-2

「協働」の思想、ソーシャルワークに帰れ

柏木　昭×佐々木敏明

Ⅰ

2 「協働」の思想、ソーシャルワークに帰れ

柏木昭×佐々木敏明

歴史に学ぶ―精神保健福祉士の専門性について

佐々木――私は、精神保健福祉士の資格というのは、精神保健福祉士の専門的力量を保証するものではなく、それはたとえば、登山口に立って入山の許可証を得たようなものではないか思っています。資格を取ったから力量が身につくということではなくて、生涯をかけて力量を高め成長していく、そういう専門職としての努力が求められている職種だろうと考えているのです。そのためには何が必要かというと、ソーシャルワーカーがこれまで培ってきた、遺産としての原理・原則を、私たちが実践のなかで絶えず確認しながら、専門性とは何かということを問い続ける作業が求められるのだろうと思っています。

日本精神保健福祉士協会の歴史も、私たちが成長するうえで必要とする課題をたくさん教えてくれると思っていまして、大先輩として、先達として絶えず私たちに発信し続けてこられた柏木*さんから、今日こうしてお話を伺えるということはこのうえない喜びとするところです。

そこで今日は、三つの時期に分けてお話をしていただきながら、精神保健福祉士の専門性について皆さんと一緒に考えてみたいと思います。

まず第一は、一九六四（昭和三九）年に日本精神医学ソーシャル・ワーカー協会が設立され、その初代理事長に、ボストン大学でソーシャルワークを学ばれた柏木さんが就かれているわけですが、柏木さんは当時、専門性に関する考え方といいましょうか、まず何を大事にしようとして協会を設立されたのかお伺いしたいと思います。

それから二つ目は、設立から九年後の一九七三（昭和四八年）年に、横浜の全国大会で「Y問題」が提起されましたが、それから約十年間、協会では「Y問題」の提起を踏まえて、ソーシャルワーカーとしての専門性や専門職団体のあり方を模索してきました。そして、一九八二（昭和五七）年の「札幌宣言」で、その方向性を確認することができたわけですが、この間、柏木さんはこの専門性というものをどう考えておられたのか伺いたいと思っております。

それから三つ目は、一九九七（平成九）年に、精神保健福祉士という国家資格が誕生したことと、ソーシャルワーカーあるいはＰＳＷの専門性との関係についてお伺いしたいと、そんなふうに考えております。

＊この対談は、対話者の意向等に鑑み「先生」の呼称は意図的に避けた。

少し前置きが長くなりましたが、それでは柏木さん、よろしくお願いいたします。

柏木――現在、日本ソーシャルワーカー協会という組織があることはご存じかと思いますが、私はこの日本ソーシャルワーカー協会の会員でもあります。

実は二月に、同協会のニュースレター*が送られてきまして、その第一ページに『社会福祉はこれでいいのか』というテーマの連載コラムが載っていました。とても読みやすい文章で書かれていて私も共感するところがありましたので、まずこのことに触れてみたいと思います。

二〇〇〇（平成一二）年に社会福祉法が公布され、続いて介護保険法の施行、二〇〇五（平成一七）年には障害者自立支援法が公布されました。これらの現象をみていますと、だんだんと社会福祉界が生気を失いつつあるような、そういう感じをもたざるをえない。なぜだろうと思うと、蛮勇を振るうような人がいなくなってしまった。裏を返せば、行政のいうとおりにやっていれば格好がつくという状況になってきているのではないかということです。先掲のニュースレターのコラムは、こうした状況について、社会福祉法人のやることが画一的で生気がなく、こじんまりとまとまって効率第一が優先され、ソーシャルワークのような人間関係をベースとした仕事、ヒューマンサービスにおいていちばん大事な、人とのやり取りのなかにあるべき熱気のようなものがだんだんなくなってしまった、そんなものなくても効率さえ上がればいいという考え方に習慣づけられてしまっているのではないかというのです。

なぜかというと、社会福祉法人も市場原理優先でやってきているわけです。これはやはりおかしなことで、生き残りをかけるのはいいのですが、クライエント中心ということではなくて、とにかく自分たちが描いている計画どおりに進める、なるべく人手をかけずに、計画したことをそつなくこなせばそれでよしとするような状況にあるのではないかと思います。だからあまりクライエントのほうには顔が向いていない。市場原理ですから向いているのは市場性のほうであって、ワーカークライエント関係ではないと、そんなことを私はこのニュースレターのコラムに読み取ったわけです。

とはいえ、法人にはやはり経営ということがあります。病院医療はもともとそうですけれども、社会福祉法人までが経営優先、効率第一ということで、とにかく割安に人手をかけずにやりたいという考え方が浸透してしまった。社会福祉で人手をかけないということは、最も欠陥をまねきやすい、危ないやり方だといわなければなりません。

経営の当事者は、そんなことは思っていないかもしれませんが、理念を聞けば自己決定などとおっしゃるけれども、やはり経営、効率優先の価値観というものが入り込んでいるという状況です。これは、厚生労働省の主導する現在の福祉のあり方に流され、行政指導に頼っているからだ、とはいえないでしょうか。

昔のように自由にやれなくても、こんなふうにして経営が成り立っていくのなら、作業所などでは能率の上がる人たちを選別するというか、割合よく仕事ができる人たちを集めるといっ

＊「JASW からの提言」日本ソーシャルワーカー協会会報，第 59 号，2009 年 2 月号

た、おかしな現象が起こってくるのではないかと思います。能率を重視するあまり、発想の自由というものがなくてもよくなってしまったということではないでしょうか。

福祉においてはこれまでも比較的自由な考え方ができたわけだし、私なども最初の頃は、行き詰まったらやはり医師の意見を聞いたりしたのですが、でも医師に聞いても大体が紋切り型の言葉しか返ってこない。実際に家庭訪問をやってみると、医師のいうとおりにはとてもいかないということを何度も経験しています。しかし、そうした紋切り型の答えであってもそれで支えてもらっているという、ある種の安心感は一方にあったと思います。

ところがあるときから、はたと気がつきました。やはりまず医師の顔を見るのではなく、わからなかったら真っ先にクライエントに聞くということです。その人が何を欲しているのか、どう生きたいのか、それを大事にして独自の生活を送ろうとするクライエントの気持ちに目を向けることが大事なんだとわかってきました。

そうすると、ただ単に社会に受け入れられればいいというような、そういう適応的な枠組みでなくてもいいのではないか、むしろその人が望む方向を私たちが支えることができればそれでいいのだろうというふうに、だんだん考え方が変わってきたわけです。

この仕事を始めた最初の頃は、私もクライエントのほうを向いていなかったのではないかと思います。といって医師の顔色を伺うということでもなかったので、医師の方たちには随分叩かれました。「余計なことをするな」とか「俺の患者に手を出すな」とかいろいろいわれながらも、いつもどういうふうに援助していけばいいのかと考えておりました。しかし一方では、私の見方というのもやはり、こちらの枠組みを通して見ていたにすぎないのではないかという思いが強くあります。

一九六四（昭和三九）年、仙台で開催された日本精神医学ソーシャル・ワーカー協会の発足総会に集まったのはわずか六、七十人ほどでしたが、それでも非常に嬉しかったことを覚えています。この発足総会に参加した人で、今日のこのような会に出てくるのは今や私一人くらいになってしまいましたが、当時私たちを動かし、強く動機づけていたのは、アメリカのソーシャル・ケースワーク論でした。いわゆる力動精神医学やその中核的理論である精神分析的な考え方がベースにありました。親子関係とか、当事者の幼児期生活史といったものを非常に重視した時代だったと思います。

そういう視点から当事者の生活史をみていくと、小さい頃親子の間でさまざまな葛藤があって、それを解消しきれないまま大きくなってしまった一人の人間が神経症的に、あるときは統合失調症になるという図式をずっと捨て去ることができずにきました。それでもソーシャルワーカーは、チームを組んで精神科の中で仕事をしていかなければいけないんだと、そういう使命感に燃えていましたから、理論武装はアメリカ、実践はチーム医療ということで、何としてもソーシャルワーカーの市民権を確立したいという思いでやってきたわけです。

そういう意味では、クライエントはどちらかといえば置き去りになっていたのではないかという思いも一方にはあります。いわゆる本人不在ということです。そして、その象徴的な出来事が皆さんも幾度となく耳にされているであろう「Y問題」です。

その頃は、とにかくできるかどうかわからないけれども、何とか市民権を得たいという思いに駆られていた時代で、周りをあまり見ずに蛮勇をもって突き進む、とにかくやってみようという勢いで皆が燃えていた時代でした。

冒頭で触れた、日本ソーシャルワーカー協会のニュースレターのコラムに触発されて、皆が皆行政のいわれるままに流され、発想の自由を失っているような現在の状況を、本当にそれではいけないなあと思いながら、日本精神医学ソーシャル・ワーカー協会の出発の頃を思い出しているところです。

佐々木――私も一九六七（昭和四二）年に日本精神医学ソーシャル・ワーカー協会の会員になりました。当時を思い出してみますと、今柏木さんがおっしゃったように、専門性の確立というものをクライエントの立場から考えるということはなくて、ワーカーが主導してクライエントの生活を診断し援助する、そのためにはワーカーの社会的地位の向上を図ることが重要だと考えていたような気がします。特に当時は、力動精神医学的な見方を基盤にしたチームの一員として仕事をすることがある意味一つの理想でしたから、専門性を確立するためには、まず日本の精神科医療の中でワーカーの地位なり身分をしっかり確立する必要があると考えたわけです。

現在は国家資格もでき、また不十分とはいえ精神障害者に対するサービスも障害者福祉の枠組みの中である程度整備されてきていますが、当時はそういうものが全然なくて、何をやるにも最初から一つひとつつつくり出していかなければなりませんでした。

たとえば退院ということになると、まず家族に働きかける。家族がだめであれば病院の近くにアパートを借りる、あるいは家族会と一緒に作業所をつくるなど、大丈夫だろうかと思いながら一つひとつ手探りでやっていたわけです。医師には「ワーカーっていうのは病気の怖さを知らない」といわれたりしながらも少しずつ動き出すという、そういう時代だったのです。

今考えると、クライエントや家族に対して、とても申し訳ないなあと思わざるをえないようなかかわりをいろいろやってきたという反省もあります。しかし自分自身の立場も含め、何とかしなければ、何とかしようという意気込みは、柏木さんもおっしゃったようにとても強かった気がします。ですから、仲間もあまりいない地域の中にいて、自分たちの協会が設立できたと知ったときには本当に嬉しかったというか、これで仲間たちと一緒に仕事も勉強もできるという思いでいっぱいでした。

その頃、病院精神医学懇話会という集まりなどもあって、そこへＰＳＷが参加して実践報告をしたり、あるいは地域の中に勉強の場をつくって面接技術とか、そういう勉強から始めて専門性とは何かということを一生懸命追求していたわけです。

ところで柏木さんは、自己決定の原理というものを、協会設立のときからとても大事にされていたわけですが、その当時の自己決定の原理の考え方と、現在の自己決定の原理で考えておられることが同じなのかどうか、あるいは先程お話のあった「Y問題」などの経過を経て変わったところがおありなのかどうか、その辺りのことを少しお話しいただければと思います。

「Y問題」と専門性

柏木――ソーシャルワーカーの専門性を根本から問い直すことになった「Y問題」が提起されたのは、一九七三（昭和四八）年、横浜で開催された第九回全国大会においてです。

簡単にその経緯をおさらいしておきますと、一九六九（昭和四四）年十月のある日、Yさんのお父様が、「息子が今、大変だ」「自分の部屋を釘付けにし、閉じこもる、母親をたたく、暴力を振るう」「何とかならないだろうか」と、精神衛生センター（当時）に訴えてこられたわけです。そこで相談を受けたソーシャルワーカーが、これは精神分裂病（今でいう統合失調症）かもしれないということで、管轄の保健所に連絡を取った。保健所には当時、精神衛生相談員が配置されていましたから、その人が家庭訪問に出向いたのですが、そのときは当事者の顔をチラッと見た程度で、すぐに保健所に帰って訪問記録を書いた。所長がこれを見て手続きを取り、結果、警察の応援を得て強制入院させるに至ったという事件です。相談員はこのとき本人と面接はしていませんでしたが、精神衛生センターからの連絡でもそういっていたし、自分も精神分裂病の始まりではないかと判断したという。こうしてYさんは、拉致同然のかたちで入院させられてしまったわけです。

ところが一九七三年、この間Yさんは不当な処遇を強いられたとして、両親ともども裁判所に訴え出ることになった。はじめはご両親も、Yさんのことについては必ずしも考え方が一致していなかったようですが、こういう状況下でお二人は考え方を合わせてこられた。

Yさんが入院させられたのは土曜日だったようですが、医師も不在だったとかで診察なしで保護室に入れてしまったというように、ご本人にとっては人権侵害といわざるをえない状況だったわけです。

こうしてY氏の裁判闘争を支援する会などが、当時全国で澎湃《ほうはい》と湧き上がっていた全共闘運動などを背景に直接横浜大会の会場に乗り込み、当事者である精神衛生センターのワーカーと保健所の相談員を告発したわけです。

本人不在のまま、強制入院させるために保健所として警察の応援を頼んで入院させたということは、ワーカーにとっても拭い去ることのできない失態だったといわざるをえませんが、一方でこのYさんの告発をきっかけとして、私たちは一九六三(昭和三八)年からの十年間、いったい何をやってきたのかということをつぶさに反省することになったわけです。当時私は、このことについて協会の十周年記念誌に反省文を書いております。

先程、佐々木さんが自己決定ということをおっしゃいましたが、私は本当に自己決定を自分のものにしているだろうか。頭の片隅でそれらしいことを考えていたにしても、相手の人格全体を受け入れていたのだろうかと反省しました。特に私のその頃の言論は、時代背景の影響についていろいろ学んでいたにもかかわらず、ある一人の人がどういう社会状況のなかで生きているのかということには、ほとんど眼を向けていなかったと痛感します。

端的にいえば、精神障害者は社会に対して適応しなければ生きていけないし、こういう状況下では精神障害者の存在そのものが社会にとって不都合だと考える一般的風潮に、私たち自身が毒されていたのではないかという反省があります。

したがって当然ながら、自己決定論というものも変わってきたと思います。どういうふうに変わったかはまた改めて触れることにします。

佐々木——今、柏木さんからお話のあった「Y問題」については皆さんも教科書などで学ばれたことと思いますが、これは日本の精神医学ソーシャルワーカーにとって文字どおり歴史上の重要事でした。そしてこれが、その後の十年間にわたる専門性の問い直し作業、あるいは協会組織のあり方への問い直し作業につながっていくのです。

専門性の問い直しの作業では今、柏木さんもおっしゃったように、自己決定の原理というものを日本の精神科医療のなかで、現場のクライエントとのかかわりを通して考えるという作業を続けることになります。

今も印象に残っていることの一つですが、一九六七（昭和四二）年の第三回日本精神医学ソーシャル・ワーカー協会全国大会において当時東大教授だった臺《うてな》弘先生が、PSWが精神障害者の自己決定などというのは精神疾患をよく知らないからだ、自我が弱っている精神障害者の自己決定など全くの素人考えにすぎないという講演をされた。自己決定に対するこうした見方は、当時の病院内においても根強く、精神障害者には責任能力も自己決定能力もないのだから、周りが代わってお世話しなければいけないというパターナリズムが強かった。それが「Y問題」という、本人不在の問題にもつながっていくことになるわけですが、このような状況のなかで自己決定の原理をもう一度掬い上げるというのは、これはもう大変な作業だったろうと思います。

それからもう一つ、これも教科書などですでにご存じと思いますが、〝人と状況の全体性〟というソーシャルワークの概念です。要するに、クライエントを生活全体とのかかわりのなかで理解するということを、当時の精神科医療のなかで確認していく作業をするわけです。「Y問題」は、ソーシャルワーカーとしての基本原理を自分の置かれた現実のなかで深めていけるかという問いかけであると同時に、保健所が精神衛生法改正で第一線機関となり、精神衛生相談員が制度化され、ようやくPSWとして認知されたという、歓迎すべき側面のいわば影の部分でもあったのです。つまり、資格や制度ができたときには、もう一度ソーシャルワーカーとしてのアイデンティティや専門性を確認し直すことが重要だということを教えてくれたのです。

当時の保健所が早期発見・早期治療を標榜する第一線機関としての役割を与えられ、さあこれからと喜んだときに、本人不在・入院先行という「Y問題」につながったということがあるのではないかと思います。

私も精神衛生センターに在籍し、I相談員と同じ立場でしたから、「Y問題」に対する協会の動きそのものについては複雑な思いで注視していたことを覚えています。時が経つにつれ、私の中でも次第にそのもつ意味がアクチュアルになってきて、今、国家資格ができ障害者自立支援法が施行されるなかで、精神保健福祉士の専門性というものをもう一度確認しておかないと、たとえば先程お話のあった就労支援一つとっても効率や収益だけで選別してしまったり、あるいは移送問題などにおいても本人不在が起こりうるのではないかと危惧しています。

ソーシャルワーカーにとって何が大切か、もう一度私たちは実践のなかから読み取らなければいけないなと強く感じているわけです。

そこで自己決定の原理や、「Y問題」を通してさらに深められたところを続けてお話しいただければと思います。

柏木――「Y問題」が提起された一九七三年といえば、奇しくも静岡県の精神医学ソーシャル・

ワーカー協会が発足した年です。そしてその後送られてきた三十周年記念誌を読んでいましたら、「Y問題」の意義がしっかり位置づけられていて、その方向性というものを高く評価した次第です。

ただ、この方向性ということについては、協会発足当初から常々、〝自己決定とは何か〟ということをいいながら「Y問題」が起きてしまうという論理的破綻、これが実は私の中ではいちばん気になっていたことです。

佐々木さんが今ヒントをくださいましたが、やはり〝人と状況の全体性〟ということだと思います。当事者はもちろん、われわれ自身がどういう時代に生き、どういう社会の中に生きなければならなかったのかという状況論を抜きにして、ただ心理学的な意味での自己決定に固執していたことを反省いたしました。先程、精神分析的といいましたが、心理学的な意味で私はとらわれていたのだと思います。

十周年記念誌に反省文をしたためて以降、私はもっぱら国立精神衛生研究所（現、国立精神・神経医療研究センター精神保健研究所）でデイケアの実践研究をやってきました。具体的にいいますと、毎日のデイケア実践のなかで、そんなに生きやすくない生活を送っている利用者（メンバー）といろいろやりとりをする。そんなななかで職員は、平等とか対等をいい、またグループを形成する際のリーダーシップについても平等、対等といいつつ、リーダーシップが結局は職員（スタッフ）主導と同義になってしまう。こうしたことについてその頃はあまり反省というものがなかったのですが、その後だんだんと意識されるようになった。このきっかけはやはり「Y問題」だったと思います。

ちなみに国立精神衛生研究所というのは、日本の精神科デイケアを公式に最初に創《はじ》めた機関で、時に厚生省（現、厚生労働省）に向け、あるいは日本精神神経学会などにおいてデイケアについて報告を行ってきました。しかしデイケアが精神科の治療プログラムとして採用されることはなかった。

一九七四（昭和四九）年に至ってようやく精神科デイケアが制度化されるわけですけれども、やっとデイケアも緒に着いたかなという、丁度その直前に「Y問題」が起こった。こうして私たちは、それまでいい続けてきた自己決定を中心としたソーシャルワークについて自己批判をするわけです。その結果、先程いいました〝人と状況の全体性〟という視点が欠けていたなということと、もう一つは〝関係性〟、つまり〝かかわり〟ということに急速に目覚めることとなったのです。

確かに、アメリカのソーシャルワークでもワーカー‐クライエント関係というものが非常に重視されていたけれども、それはしかし、いつも好意的で善意に満ちたソーシャルワーカー主導制であって、相手に主体性を認めてのことではなかった。あくまでも相手を患者ないし弱者として扱い、そして相手には自己決定権があるのだからといって大事にする、そういういわば心理的な父性主義（パターナリズム）のアプローチだった。それが「Y問題」後は、私たちはやはり、お互いこの世の中に生きているんだ、自分も生きているしクライエントも生きている。それで平等だ対等だというけれど、やはりわれわれは職員として生きているのだし、相手のメンバーは利用者としてお金を払って来ているんだ、と。いってみれば簡単なことなんですが、その意味がやっとわかりかけてきた。われわれは「平等々々というけれど、されど職員だ」という自覚ができていなかったということです。こういうことが本当に自分でわかるようになって、日常のデイケア実践の構造を省みるのに、やはり十年ほどかかったということなのでしょう。

それからというもの私はどんどん変わっていきました。あまりに変わり身が早いので、私の同僚だった今は亡き坪上宏先生が半ば心配顔で、「君は変わり身が早いね」といわれたほどです。しかし同時に、「思想の転向というのは許されるんだ」ともいってくれました。これには正直救われる思いがしたものです。

変わったきっかけというのが繰り返し申し上げている「Y問題」だったわけですが、言葉は悪いですけれども〝わりを食った〟のは静岡の方々です。一九七六（昭和五一）年の第十二回全国大会が突然中止になって、鋭意準備を尽くされた静岡県の皆さんは本当に失望されたと思います。当時、静岡の方々からわれわれが吊るし上げられるというようなことも特にありませんでしたが、その当時の理事長で今は亡き小松源助先生がたまたまアメリカに旅行中だったため、仙台の岩本正次先生（元明治学院大学教授）が急遽静岡に来られて中止を申し入れたわけです。というのは、第十二回大会の直前に関東甲信越のブロック研究会がY氏の裁判闘争を支援する会によって粉砕されてしまったため、静岡大会でも同じようなことが起こるのを危惧されたからです。

三十周年記念誌を拝見しますと、皆さんの先輩方が岩本先生とやり取りをされるなかで、そのときどれほど悔しい思いをされたかがつぶさに記録されています。私どもは静岡の方々に、大変な苦渋の時を与えてしまったわけです。これは文字どおり協会の歴史上の汚点ともいうべき大変な事態でした。

第十二全国回大会は一九七六年です。それから六年、「Y問題」から数えて九年後の一九八二(昭和五七)年に、札幌で全国大会を開催してようやくけじめがつくことになった。それまでの間、私たちは「Y問題」にかかりっきりでした。しかし一方では、「いつまでもそんなことにこだわっているな」「今いちばん大事なのは、私たちが国に認められ、市民権を得ることじゃないのか」と、身分法(資格法)の確立を図るべきとする考え方と、「『Y問題』をきちんと総括しなければ、本当の意味での専門性は確立できない」とする意見が並存していました。一方で〝資格制度〟、また一方では〝専門性〟というように、協会を二分して分裂してしまったのです。それでも細々ながら、年度総会というかたちで時をつないで、だんだん全国大会開催可能な条件を取り戻すべく、協会再建に時間を費やしたのがその後の十年だったわけです。

こうして一九八二年、札幌の全国大会で「札幌宣言」が採択され、「精神障害者の社会的復権と福祉のための専門的・社会的活動」を推進する協会にしていこう、またそういうことができるＰＳＷでありたいという宣言が出されることになった。

これは一方では、真の専門性を含むところの身分法なり資格制度が必要なんだと、協会がいわば〝自己統一〟できたということでもあります。表向きは〝自己統一〟などといっていますが、私自身の中では妥協してしまったかなという気持ちでした。しかし考えてみれば、自分たちの専門性というような問題について外野からワイワイ騒いでいてもしかたがないので、やはりクライエントとかかわるなかで専門性を突き詰めていくことができるような資格制度が不可欠だということで一致したわけです。

これを契機にようやくわれわれは、国家資格の確立に向けて動き出すことになります。その後一九九一（平成三）年に、奇しくも第二十七回全国大会を静岡で開き、熱海のシャトーテル赤根崎というホテルに閉じこもって資格制度をどういうふうにしていくか話し合ったわけです。そういう意味では、静岡県協会は精神保健福祉士の資格制度を実効あらしめ、基盤を築いてくれた協会だというふうに私は受け止めておりますが、ここにおられる特に若い方々は、そういう時代を経て今日に至っているのだということを是非ご理解いただきたいと思います。

佐々木さんとは昨日も話したのですが、当時ソーシャルワークにかかわる専門職団体には、日本ソーシャルワーカー協会をはじめ、社団法人日本医療社会事業協会、それから日本精神医学ソーシャル・ワーカー協会（現、社団法人日本精神保健福祉士協会）の三つがありました。

しかしながら、これまで繰り返し申し上げた十年にわたる自らの貴重な経験のなかで、難問を克服し専門性を追究しつつ協会を創り上げたのは唯一、日本精神保健福祉士協会のみだといっていいと思います。他の協会はいわゆる協会方針に賛同する人たちが集まっているだけですが、われわれはこの指に止まるべきか止まざるべきか、時に離れたり付いたりしながら、多くの先輩方と共にこの協会を育ててきたと思っています。

専門性と資格制度

佐々木——今、柏木さんがお話しされたように、初期の段階では多分、自分たちの社会的な評価や地位が高まればPSWの専門性も確立される。だから協会も社会的地位の向上ということを大きく掲げながら活動してきた。しかしその結果、クライエントが置き去りにされ、「Y問題」という人権を侵害するような大事件が起こった。この経験を通して私たちは実に多くのことを学んだわけですが、なかでも大きかったのはアメリカから導入されたソーシャルワークをもう一度実践のなかで検証する機会を与えられたことです。

といって私自身は、柏木さんのように一貫して考えてきたわけではなくて、当時北海道にいた私はあっちの立場、こっちの立場とフラフラしながら、迷いながらこの「Y問題」にかかわっていたわけです。だから、離れていった人たちの気持ちもわからないではありません。

いずれにしても、十年間にわたって「Y問題」を手離さなかったということが現在の精神保健福祉士のバックボーンになっているのは確かです。教科書などでは精神保健福祉士の専門性として、ソーシャルワーカーの自己決定の原理とか人と状況の全体性といった文言が当たり前のように列記されていますが、実は柏木さんは、この十年という長い時間をかけて自己決定の原理を検証し、人と状況の全体性の概念を練り上げ、さらにそこからかかわり論という柱を立てて専門性を再構築する作業を続けてこられたわけです。

言葉だけを並べてみると、アメリカのソーシャルワーク理論とそう変わらないことが語られているようにみえますが、改めて振り返ってみるとき、「Y問題」を手離さなかったことがその内容をいかに深めたか、いかにそれが大事なことであったか、また、そういう経験を集団的な記憶としてもっている専門職団体というのは日本のソーシャルワーカーのなかで本協会だけではないかという思いがあります。逆にいえば、そこから絶えず学び続けることをしなければ、政策主体の要請や施策に振り回されて、また再び落とし穴にはまってしまうかもしれない。そういう危機感のようなものも、同時にもつわけです。

ワーカーとクライエントの関係性というのは昔からいわれてきたことではありますが、やはり柏木さんがこれをかかわり論というかたちで、自己決定とか人と状況の全体性というものをもう一度実践のなかに取り込みながら組み立て直してこられた、そのことが現在の精神保健福祉士、ソーシャルワーカーとしての精神保健福祉士の専門性の根拠になっているように思います。

これは柏木さんのご意見も伺いたいのですが、私は資格というのはソーシャルワーカーの専門性や実践をすべて規定しているわけではない、ソーシャルワーカーあるいはPSWの実践のなかで政策遂行に必要な部分について精神保健福祉士という国家資格を与えられているのだと思っています。したがってPSWイコール、ソーシャルワーカーではない。絶えず資格とか制度化されたものを超えるソーシャルワークなるものとの間を行き来していないと、精神保健福祉士という資格そのものが生きてこない、あるいは成長しないと、そんなふうに考えているのですがいかがでしょうか。

柏木――先ほど触れた一九九一（平成三）年の第二十七回全国大会で、いよいよ資格問題が語られ始め、国家資格制度が必要なんだというコンセンサスが得られた。しかし、これは単に自分たちの身分を保障するというよりも、クライエントの自己決定を中心に人権を擁護する、あるいは最前線できちんと権利擁護が保障できるような、そんな専門性をもった資格制度を模索していこうということで一致したわけです。

熱海のシャトーテル赤根崎での討論は、厚生省が医療福祉士という国家資格制度の素案を出してきたときと重なります。この年同省は、「医療福祉士（仮称）資格化に当たっての現在の考え方」というのを提示してきた。これに対し私たちは、十項目にわたる批判というか注文をつけたわけですが、これはすべて赤根崎におけるディスカッションが生み出したものであったということができます。それが一九九一年、そして資格制度ができたのが一九九七（平成九）年です。

なんと「社会福祉士及び介護福祉士」制度の成立に遅れること十年です。なぜこんなに遅れたのかというと、ゴタゴタがあったからにほかならないので、皆がスーッと一気に乗れなかった私たちの集団というのは、やはりいろいろと深く考えた集団だったんだなと思います。さもなければ、社会福祉士及び介護福祉士法が成立したときに、スーッとそれに乗っていたはずなんです。しかし乗れなかった。専門性という問題を突き詰めもせず、また実践のなかで検証しつつ、こういうものだという結論を得たのでなければ資格制度は打ち出せないのです。簡単には乗れないなという文化が私たちの協会にはあったということでしょう。それで十年遅れたわけです。

今、佐々木さんもおっしゃったように、これには「Y問題」に負うところが非常に大きい、必要な十年であったと思っております。

ご承知のように精神保健福祉士法は、一九九七年に国会を通り翌年施行されました。これが一九九八（平成一〇）年です。しかしそこで私たちはすっかり落ち着いてしまったわけです。けれども私自身の中では、たとえば自己決定一つとっても、理論としてまだあまりに上っ面だなという感じがしていました。上っ面とはどういうことかというと、ものの見方が一面的で、力動的な見方になっていないということです。つまり今あるものというのは実はずっと動いているのであって、これからも動いていくわけです。それは、横断面でスパッと切って顕微鏡で見てわかるというようなものではない。それは一時のありようにすぎないわけです。

これからどういうふうに発展していくのか、また今までどういう歴史をもっていたのかというようなことは横断面だけでは測れないのです。私は、横断面的な見方は静態的な見方であると考えました。静態的な見方では、真のクライエント自己決定はわからないのではないか。ずっと生成発展する個人の人格の見方というのは、横断面の見方ではなくて、自分とクライエントの間の力動的な関係のなかで育っていくもので、横断面つまり、もともとその人がもっている動かない資質をみてもわかるものではない。

私は自己決定というのは、その人の問題であると同時に、ソーシャルワーカー自身の問題でもあるということを、精神保健福祉士法ができて少し落ち着いてきた頃から、さらにそれを深める必要があるのではないかと感じていました。そして、自己決定論というのはやはり「かかわり」が基本に据えられていなければならない、しかもそれには時間がかかるということに気がついたわけです。

ソーシャルワークにおいては確かに、毎日の実践のなかですぐにも決定を迫られる、あるいは結論を出せといわれる事態に遭遇する。その結論を出すに際し、相手の意思を尊重しないということがあってもやむをえないといった状況なきにしもあらず、です。でも、やはりそれを自覚しながらも、その人の本当の気持ちはどこにあるのかを一緒に見出していくという、そういう関係を構築すること、そしてニーズの表現とそれに対する傾聴の時間の共有を保障しなければいけないだろう。これが自己決定への道です。

一方、この人どうも知的障害といわれる人だしなあ、あるいは精神症状が発現している最中だし自己決定なんてとてもできない。さらには認知症高齢者に自己決定などということを大事にしていたら、仕事が進まなくなってしまうといった効率論さえあるわけです。しかしこういう自己決定論は静態的な見方であるといわなければなりません。ソーシャルワーカーはそこに陥ってはいけないのです。

やはり相手としっかりした関係を確立し、きちんとした、温かいかかわりをもって共に生きるという理念こそが、ソーシャルワーカーの専門性だと思います。とすれば、自己決定もはじめからあるものというよりも一緒に見出していくものではないか。だから私の初期の自己決定論では、かかわりのなかでこそ自己決定が結実していくということと、それにはやはり時間を保障しなければならないということが明確になっていなかった。そういう意味で、今は大きく初期の自己決定論とは違っています。

精神保健福祉士への期待

佐々木――私も自己決定というものを、クライエントの能力とか属性としてとらえるのは違うのではないかと考えています。認知症高齢者であろうと知的障害をもつ人であろうと、かかわりのなかで相互に成長しながら自己決定というものを育てていく、そういう原理として考える必要があるのではないかと思っています。そこが教科書などに書かれた自己決定の原理というところではうまく伝わっていかない。

しかしこれから問われてくるのは、まさしくこういうところであって、権利擁護事業とか移送や就労支援の問題等々、実践が政策と切り結ぶなかで、ソーシャルワーカーとしての精神保健福祉士のあり方、専門性が問われてくるということだろうと思います。

おそらくは政策を推進する側にしてみれば、とりあえず法律や規則どおりに動いてくれたほうがいい。たとえば厚生労働省にとっては、障害者自立支援法がうまく機能するように精神保健福祉士が動いてくれればそれでいいわけです。医療観察法（心神喪失等の状態で重大な他害行為を行った者の医療及び観察等に関する法律）でも社会復帰調整官がそういうかたちで動いてくれていればいいというふうに考えているだろうと思います。

しかし、長い目でみれば、クライエントの生活実態を見据え、自己決定を大事にしながらその人の生活と人生を支援していく、あるいは効率だけではなく過程を大切にするというかかわり方が結果的には関係する政策や制度を改善し、豊かにしていく方向に向かうことになるのだと思います。

今ある政策や制度をそのままクライエントに当てはめる役割を、もし精神保健福祉士が担い続けるとしたら、ソーシャルワーカーとしての精神保健福祉士の明日はないというふうに思っているわけです。

そのためには柏木さんが先程のかかわり論のところでおっしゃった、専門性を実践のなかで再確認する作業というものが大切になってくるのだろうと思います。これは地域や対象の領域が拡がれば拡がるほど、たとえば認知症の領域に行けば認知症領域の中のソーシャルワーカーとして、あるいは子育て支援とかスクールソーシャルワークといった領域でも同じように問われていることではないかと思います。

柏木さんにはこの後もう少し、これから期待される精神保健福祉士像とかあり方について、かかわり論を中心にお話しいただければと思っております。

柏木――いよいよこの六月に、静岡で全国大会を開催するということで皆さんの気持ちが結集され、これを弾みに何か一つ動き出すきっかけができればと願っておられる方が多いのではないかと推察します。私も静岡大会では基調講演をさせていただきますけれども、その総合テーマは『新しいコミュニティの創造をめざして―暮らし・つながり・協働・あした』となっております。

興味深いのは、副題です。まず「暮らし」とあります。地域生活、つまり精神障害者が地域社会での生活を送ろうとしているときに、私たちはそれをどういうふうに支援していったらいいのか。そこで大事になってくるのが、「つながり」だというふうに副題に重ねておられます。この「つながり」というのは専門用語でいうと「協働」になるわけですが、皆さんがお作りになったポスターにはきちんとそういう意味の「協働」という言葉が使われている。

こうした「つながり」とか「協働」ということがあって、未来へ進む私たちの位置づけが強まっていくのだろうと私は受け取っています。

先程から自己決定の意味を考えて参りましたが、そこで大事なのは「かかわり」だというふうに佐々木さんがまとめてくださいました。実は私もこちらに来る前に、「つながり」の意味というものを考えてみたわけです。「つながり」にはやはり「つながり」の条件というものがいろいろあると思います。なかでも大事なのが、ソーシャルワーカーの自己同一性というか、アイデンティティの問題だろうと思います。皆さんは普段あまり考えないかもしれませんが、私が今いちばん問題にしたいのは、ソーシャルワーカー・アイデンティティの喪失です。これはソーシャルワーカーであることの自覚を失ってしまうこと、つまり医学への同一化、精神科医療あるいは精神医学への同一化です。これは精神保健福祉士ならではの過《あやま》ちです。社会福祉士の方は、そんなに精神科医療と密着して働いているわけではありませんから、こういう問題を提起してソーシャルワーカー・アイデンティティを問うようなことはないのかもしれません。少なくとも精神保健福祉士ほどには課題意識をもたずに済むのではないか。それだけすでに福祉領域での地位が確立しているともいえるわけですが、一方われわれはといえば、精神科医療や精神医学と密着しながら働いているだけに、気をゆるめると途端に医師のいうとおりにやってしまうことになる。たとえば、「あなた、薬飲んでますか」というような家庭訪問はやりませんでしょう? もしやっている人がいたら、いますぐ改めてもらいたいと思います。

なかなか難しいことではありますが、医学への同一化から脱却してソーシャルワーカーとはいったい何なのかという、ソーシャルワーカー・アイデンティティをここでもう一度自らに問う必要があると思います。クライエント自己決定についてお話しした際、かかわりが大事、その構築にかける時間が大事、そして相手の能力のいかんにかかわらず自己決定を一緒に見出していく、そういう理念が基盤だといいましたが、それはつまり、医学モデルから離れて、クライエントを生活者としてみる視座に立つということです。これがソーシャルワーカー・アイデンティティの表れだと思います。

精神科医療からの脱却とはどういうことか、もう少し敷衍していいますと、まずわれわれは福祉職であり、生活者中心の理念をもってチームの他職種とは全く違うことをいわなければいけないという自分への注文を、始終自らに突きつけていなければならない。医師と同じことをいっていたら、「医者のいっていることは難しいから翻訳するとこういうことになるのですよ」とクライエントにいって聞かせるような、本当にくだらない仕事になってしまう。そういうことをやらなければならないときもままありますけれども、本当はこれは自分の仕事ではないのだという自覚がしっかりもてていなければ、本当にアイデンティティ・ロスト（専門的自己認識の喪失）になってしまいます。障害者は、地域社会で生活しています。これは病院のソーシャルワーカーであろうと地域や施設のソーシャルワーカーであろうと、同じように関心を向けておくべきことです。

ところで最近、退院促進が脚光を浴びていますが、先日たまたま眼にしたアメリカの論文によれば、病院の中でいろいろな訓練をやるのはいいとしても、退院して実際に住むところを見つけ、そこで住みながら必要な社会生活の訓練をやったほうがいいと書かれていました。病院の中での社会生活技能訓練（ＳＳＴ）、これは診療報酬がついていますから皆さんのなかにも一生懸命やっている方がいると思いますが、その場合、やるほうも受けるほうも自覚的に、何のためにＳＳＴをやるのかについて理解を共有しないと効果は上がらないと思います。これは本来なら、地域生活を始めていろいろ周りの状況がわかってきてからＳＳＴについて説明し、「そういうとき、どうしますか」と尋ね、正答が出たら皆で手を叩いて喜び合うという、そういうことなんでしょうけれど、やはり入院中にやってもピンとこないと思います。

たとえば長期入院者の例でいえば、電車に乗るために切符を買うこと一つとっても、自動販売機あり、自動改札ありで戸惑うことばかりです。ところが病院にはそんなものは何一つない。そういうところでSSTをやっても、何もないところで生活しろといわれているようなものですから、有効性が限られてくるのは当然でしょう。

ソーシャルワーカーとしてはそうではなくて、むしろいっそのこと早く退院していただいて、外で必要な訓練を必要なだけやるというのが自然ではないでしょうか。形式的なプログラムでやるのではなく、問題に直面したとき、その話を聴きながら一緒に考えていくという、時と場と機会、いわゆるTPOが大切になります。TPOというのは、石津謙介という服飾デザイナーが創った和製の言葉です。T（time）は時間、P（place）は場、O（occasion）は機会です。その時に合う、その場にかなう、そして機会を活かすという意味です。

TPOに恵まれた状況で、あるいはそういう状況をつくるなかでSSTが生きてくるんだというふうに私は思っています。だから院内SSTで時間をとってかえって退院を長引かせるのではなく、一緒に住居を見つけたうえで退院してもらうという、地域を見る視点が大事なんです。地域を見ない、病院の中での密室的な関係はあまり身にならないと思うし、少々言葉は悪いですが、いわば飼い慣らされた状況のなかで、作業療法からSSTなどに至る適応訓練に手を貸すというのは、ソーシャルワーカー業務として適切なのかどうか、果たしてTPOにかなうのかどうか見直すべきではないかと私は思います。

「協働」を求めて

佐々木――私も「かかわり」から「つながり」、つまり「協働」へという流れが、地域支援の展開をより拡大させる起動力になっていくのではないかと思っています。

ところで、私たちはとかく病院か地域か、専門性か資格か、あるいは医学モデルか生活モデルか、民間病院か公的機関かといった二分法的発想をしてしまいがちですが、やはりソーシャルワーカーの「かかわり」とか「つながり」といったことからすると、こうした二分法的な考え方は違うのではないかと思います。

私たちは現場でしばしばジレンマに陥るわけですが、変な言い方ですけれども、ソーシャルワーカーの専門性とジレンマは不可分というか、クライエントとかかわっていく以上、常にあることだろうというふうに思っています。そのときに、やはり本協会が「札幌宣言」で打ち出した「精神障害者の社会的復権と福祉のための専門的・社会的活動」という理念が、ソーシャルワーカーとしての方向性を明示する大きな役割を果たしているのではないかと思います。

ジレンマのなかに立つのがむしろ私たちの仕事であり、そのとき方向性を決めるのが理念だと、ここのところが大事かなと思っています。病院の精神保健福祉士も病院か地域かではなくて、地域をイメージしながら活動することが大事になりますし、社会的復権ということを地域とつながりながら考えていくことがやはり大事だろうと考えているわけです。

柏木——今、専門性とジレンマは不可分とおっしゃいましたが、そのジレンマというのはソーシャルワークのなかでどんなときに起こるのか、もう一度説明していただけませんか。

佐々木——たとえば政策に基づいて実践していくとき、あるいは病院なら病院、施設なら施設の経営的な要請を受けながらクライエントに向き合おうとするとき、いわばそのはざまでジレンマを抱えることが多い。そこで何を大事にするのかというときに、私はかかわりということと、精神障害者の社会的復権などの理念というのが非常に重要になってくるのではないかなと思っているわけです。

柏木——いろんな意味で、ソーシャルワーカーはジレンマを抱えながら仕事をしているといっていいだろうと思います。

私もかつてはそうだったと思うのですが、今は教職の道に就いてすっかり疎くなっていますので、現場の方々にむしろ聞かせていただきたい中身なのです。どんなジレンマのなかに皆さんは置かれているのか、そしてそういうとき皆さんはどうしているのか。

ここで必要となるもの、それがおそらくは「協働」なのです。しかも、結論ではなくて「協働」の過程（プロセス）です。クライエントに道を整えてあげる、レールを敷いてあげるというように結論を提示するのではなく、一緒にそういう難題に直面するプロセスそのものに意味があるのだろうと思います。たとえば、ご本人のために平らな道を整えてあげようとして、当の本人には聞かずに、医師に「この病気は難しいですか」と訊ねたり、「看護の人はいつもどうしているんですか」と聞いたりする。これではしかし、どんどん本人から離れていってしまいます。やはり本人自身に、「あなたはこういうことで悩んでいるようですが、どうしたいと思っているのですか。前にも聞いたことがあると思うのだけれども、もう一回一緒に考えていければいいなって思っているんです」というような問いかけをしていきたい。ソーシャルワークとは決していい道を整えてあげることが仕事ではないのです。

一緒に難題に当たる、そこのところでサポートできる、支持できる。そういう私たちの懐の深さというか、幅の広さというものが問われているんだろうと思います。それが協働だと思います。つまり、相手も主体性をもっている。

十数年前、仙台の岩本先生がまだお元気な頃いっておられたのですが、「相手も主体、こちらも主体って柏木がいったけど、本当にそうだよな」と、ある会合で頷き合ったことがあります。やはりこちらが主体でレールを敷くのではなくて、クライエントが自分で敷くレールを歩いていくために、私たちが主体的に援助をするということなのです。むこうも主体、こちらも主体です。主体と主体のかかわりのなかで生み出していく結論というのが本当の意味での結論なんだろうと思います。

それが協働ということの本当の姿なんですけれども、この協働という言葉はソーシャルワーカーに特有のものです。

チーム医療のなかで協働という言葉を使う職種は、ほかにはおよそいないと思います。医師が協働などといったところで、現実的にはほとんど意味をなしません。たとえば先程佐々木さんも触れられましたが、東京大学の臺弘先生が一九六七（昭和四二）年の第三回日本精神医学ソーシャル・ワーカー協会全国大会で、「柏木さんは精神障害者の自己決定などというが、自我というそこのところがいちばん障害されているのに自己決定をいうのは非常に矛盾している」といわれたわけです。そういう挑戦を受けたのは、現象的にはこれが代表例ですけれども、私の職業人生はそのほとんどが医師との戦いでした。「余計なことをするな」「ケースをいじるな」といわれ続け、「理論的に自己決定なんてナンセンスだ」という立場から、さんざん私は批判されました。そういうことをいわなければ、飼い慣らされたソーシャルワーカーとして、医療チームの中で平穏に仕事ができたという時代を過ごしてきた私としては、やはりいまだに何かにかきたてられるような気持ちで、自分の仕事が飼い慣らされたソーシャルワーカーの日常にならないようにしなければいけないのではないかと、皆様方にも是非伝えたいと思って来ているわけです。

だから医師は協働などとはいいません。看護師も協働などとはいいません。看護は一方的にこちらからみてあげるという姿勢です。ついでに触れておきますが、言葉というものはとても大事なのであって、「話を聞いてあげる」とよくいいますけれども、〝話を聞いてあげる〟のではなくて、〝聞かせていただく〟のです。それから、何々をして「あげる」、お手伝いして「あげる」といいます。これも「あげる」ではなくて、「一緒にする」ということです。つまり「言葉に添う」といったことになると思います。こうした言葉の使い方一つとっても、医師や看護師とは違うのです。そういう自分の立場と、自分の立場に特有の言葉というものを大事にしていただきたいと私は思っています。

なぜ特有なのかというと、自己決定の原理という、年月をかけて磨き上げた原則があるからなのです。自己決定の原理を否定したらソーシャルワーカーはありえません。そういうものをきちんと内にしまいながらも、出てくる業務としての行動が本当の意味での協働だと思います。そういう強い理念を意識しているから協働という言葉が生まれるのだろうし、協働というのはそういう基盤がなければ使えない言葉です。

何度も申し上げているように、自己決定が至高の原理だということをよりどころにしているわけですから、医師に聞いたりするのは恥ずかしいことです。そんなことで病状を聞いてもろくなことはわかりません。そうではなくて、大事なのはクライエント本人の思いです。どうしたいのか、どういう生活がしたいのかといった思いを、私たちはクライエント自身に聞いていかなければいけない。このとき、聞いていくのは主体である本人自身でなければいけない。クライエントが医師に意見を求めたいと思っているとき、もしソーシャルワーカーが必要であると思えば「一緒にお願いに行ってもいいと思うけど、本当はあなたが行かなければいけないと思いますよ。でもどうしても一緒に行きたいというのであれば、私もあなたと一緒に行きます」と、こういうのがソーシャルワーカーの姿勢だと思います。「代わりにいっておいてあげるよ」というような、代弁者でも代理者でもないのです。

私たちソーシャルワーカーは弁護人ではなくて、協働者なんです。お金をとって代弁している弁護士は、代理人という言葉で表現されるように、協働者ではないのです。だから、私たちは代弁者になってはいけない。あくまでも主体である利用者に対して主体的に支援する存在だと思っております。これを単なる理念だけで終わらせるのではなく、そこから私たちは技術を展開していくことができるのだと思います。

先程、言葉の問題は大事だといいましたが、言葉というのは磨かれた技術になっていかなければなりません。技術の結果として言葉遣いというものに注意するようになります。言葉は、慎重につくり上げて使っていきたい。自分自身の中で、これが支援に値する言葉なのかどうかを自らに問いながらやっていかなければいけないのではないか。そしてそれができてはじめて、クライエントとの協働が可能になるのです。断言してもいいですが、協働なしに専門性はありえませんし、クライエントと意味のある仕事をすることもできないだろうと思います。

佐々木――今、柏木さんが繰り返しおっしゃっておられた「協働」というのが、社会的復権という言葉の原点と考えていいのではないかと思います。精神障害者の社会的復権というと雲の上の言葉のように聞こえるかもしれませんが、その原点は協働、クライエンとの協働にある。これを現実のかかわりのあり方の基本に据えて、さらにこれをまた地域の中へ拡げていくということになるのだろうと思います。

理念というのは絶えず問い返し、自分の実践のなかで確認するということが必要だし、同じ言葉を使っていても、そういう経験を通して深められていくところがあるわけです。それがないと、ひとくちに精神障害者の社会的復権といっても、単なるスローガンになってしまいます。経験のなかで繰り返し深められて、だんだんリアリティをもって自分の実践指針になっていくということだろう思います。

それでは最後に、今年の全国大会のテーマでもある地域ということにお触れいただいて締めにしたいと思います。

おわりに

柏木――地域というものを見通すに際し、何を考えたかということですけれども、やはりソーシャルワーカーとしては常に地域を視野に入れてものを見、考えること、そしてそこで何をするにしても、これには先程いった技術というものが地域性をもっているかどうかが問われることになるだろうと思います。

　先程、言葉の問題をいいました。言葉を大事にしようということです。言葉を生み出していく技術、言葉そのものを使う技術ということをお話ししたわけですが、「連携」というのも言葉の技法の一つだと思います。

　連携はつながりです。地域とのつながりがなぜ必要なのかというと、精神障害者が地域生活をしていくのを支援するには、地域住民の支援と連携が必要だからです。そうすると地域住民と私たちとは話し合わなければなりません。先程もいいましたが、病院の相談室は密室みたいなものですから、退院してしまえばあまり関係なくなってしまい、「どうしているんだろう、あの人」といわれても、よくわからないということになる。

　精神分析理論では、スパッと別れろといいます。スパッと別れないと相手は自立できないと。だから別れるときは、多少別れるまでの〝儀式〟はありますけれども、別れた後は個人として自立するんだからといって余計なお世話は一切しません。

　しかし、治療論ではなく精神保健福祉論としては、やはり地域でどういうふうに過ごしていくのか、またそこで失敗があったら入院の憂き目をみるかもしれない。だからスパッと切るということができない専門職なのだから、ここで連携という技法を使いながら、地域住民と一緒に精神障害者の社会生活を支えていく。そういう仕組みをつくっていかなければならないだろうと思っております。ではそこで誰にまず話しかけるかということがあります。

私は現在、東京・杉並区にある「けやき亭」というNPO法人の作業所で理事長をしております。運営委員会の委員長も兼務していますが、メンバーには現在、家庭の主婦で民生委員をやっておられる方や地域の精神障害者家族会の代表の方、それから元民生委員で工務店の店主をされている方などのほか、異色の存在として「杉並老後を守る会」のメンバーで、現役の画家の方が来てくれています。この方と私は趣味が合い、ソファカバーの色の好みが一致したり、またその方が描いた油絵を壁に飾らせてもらっています。それからもう一人、ＹＭＣＡの主事の方がおりまして、この五人に私を加えた六人で運営委員をやっています。

そういう人たち、特に民生委員さんでも、今までは非常勤公務員といった職務のなかで、私たちが相談に行けばよく動いてくれますが、かといって集中的、積極的に精神障害者の支援にかかわるといった立ち位置ではないのだけれども、私どもの作業所では週一日は必ずボランティアとして委員会のリーダーシップを取っておられます。委員の皆さんはきちんと守秘義務を遵守し、非常に頼りになる地域のキーパースンです。

私がかつて国立精神衛生研究所の相談室の中で、自己決定を一生懸命いっていた頃は、そういう地域の人たちと正直あまり話し合うということをしませんでした。むしろ、地域というのは精神障害について何か偏見が強いのではないかという警戒心のほうが強かったのかもしれません。しかし今はいろんな意味で、生活保護ワーカーの方などは特にそうですけれども、根気よく手伝ってくださいますし、精神障害者のことに気持ちを向けて運営委員をやっていただける方が少なからず出てきております。本当に素晴らしいことだと思います。そういう人を大事にしながら精神障害者の地域生活を支援していくということが大切なのであって、私の個別相談の力だけではどうなるものでもないということがよくわかってきました。

ちなみに、事業としては給食サービスをやっておりまして、正規の職員（フルタイム）が四名います。昼食を作って近所の人たちが食べにくる食堂と喫茶店の二つを経営していますが、月曜から金曜まで、毎日一人ずつ地域から異なるボランティアが手伝いにきてくれています。本当に精一杯の時間の使い方で、そこで働く精神障害者の利用者一人ひとりについて十分な個別相談の機会がもてないということもあって、給食業務そのものはだんだん地域ボランティアに大幅にお願いするという体制になってきております。

そういう意味で、ボランティアや運営委員なども含め、地域におけるキーパースンを見出すということが精神障害者の生活支援にとって非常に大事になってきます。それだけにまた、キーパースンとして支援してくれる人の活動と発言の場を確保することが重要になります。

そして、作業所であろうと地域活動支援センターであろうと、どこでもいいのですが、そういうところにソーシャルワーカーが必ず一枚絡んでいるという、そういう体制をつくってこそ地域の中で意味のある働きをすることができるのではないかと考えています。それが、病院の相談室といった密室における相談から脱却して、地域の視点に基づく技術になっていくのだろうと思います。

佐々木――今日は協会の歴史から始まってこれからの課題というところまで、実に幅広い視野からお話を伺うことができました。ただ些か私の切り口が偏っていることもあって、十分お話しいただけなかった部分もあるかもしれませんが、時間が参りましたので今日はこの辺で終わりたいと思います。

柏木さん、ありがとうございました。

［本稿は、二〇〇九（平成二一）年三月一日に行われた「平成二〇年度静岡県精神保健福祉士協会冬季研修会」における対談に基づく］

Ⅰ-3

〝トポス〟の創造とソーシャルワーカー

柏木　昭

本稿は、医療機関であろうと福祉機関であろうと、あるいはその他の地域施設であろうと、精神保健福祉士やソーシャルワーカーと名乗って業務に就く人なら誰でも、おおよそ斉《ひと》しく気がついているに違いないソーシャルワーカーの立ち位置に関する考察です。

以下は、患者自身・家族をも含め、地域の人たちの力を得て、自分の中にあるさまざまな葛藤を乗り越え、精神障害者の生活支援のために、専門職として何をなしうるのか、そのためにはいかなる構えが必要になるのかに関する、現時点での私の考え方をまとめたものです。

3 〝トポス〟の創造とソーシャルワーカー

柏木　昭

日本精神医学ソーシャル・ワーカー協会設立の時代背景

日本精神医学ソーシャル・ワーカー協会（現、社団法人日本精神保健福祉士協会）が、専門職団体として一九六四（昭和三九）年に発足してから四十六年が経ちました。この協会設立は、われわれ精神科ソーシャルワーカー（以下、ＰＳＷとも記す）が精神科医療のなかに福祉職として、一定の地位を確立したいという長年の悲願でありました。

発足当初、会員は八十八名を数えるのみでした。会員の主たる職場は精神科医療関連の領域でしたが、私個人の願いとしては、協会には児童相談所や、家庭裁判所などを含め、精神科医師とチームを組んで働く領域のソーシャルワーカーが率先して入ってくることを望んでいましたので、協会名をあえて精神科ソーシャルワーカー協会とせず、〝精神医学ソーシャル・ワーカー〟協会という名称を選んだのであります。

しかしその出発は困難を極めたものでした。ソーシャルワークそのものが、精神科医療の領域で活動の場を得るということ自体、わが国においてはほとんど〝水と油〟というのが、その表現としてまさに適切な状況でありましたから、協力が得られたのはごく少数の精神科医師に限られました。また日本社会福祉学会や日本精神神経学会、精神衛生全国大会（現、精神保健福祉全国大会）などの機会に、徐々にＰＳＷの活動が知られるようになっていきました。

しかし病院ＰＳＷは、およそ専門職とは程遠いような仕事までしなければならない状況に置かれていました。院長車の運転や、図書館の司書代わりの仕事に従事しながらも、入院者のいう言葉に耳を傾けたり、家族と連絡を取ったりして、何とか患者さんたちの療養の援助に当たったのです。一九五〇年代から六〇年代にかけて、東京、埼玉、神奈川、宮城、あるいは名古屋等の各地にＰＳＷの研究会や連絡協議会ができていきました[2]。

ここで私の身辺にかかわらせて、少々お話をさせていただきます。

一九五二（昭和二七）年、国立精神衛生研究所（現、国立精神・神経医療研究センター精神保健研究所）が設立されました。開設に伴い、臨床チームの一員として、七名のソーシャルワーカーが採用されております。チームは精神科医師、臨床心理士およびソーシャルワーカーがその構成メンバーです。当時、わが国においてはこういうチーム医療といった方法は、全くまれな存在でありました。それというのも、わが国の精神医学はもともと呉秀三以来、ドイツ流の記述精神医学が〝王道〟でしたから、アメリカに生まれた力動精神医学の実践体制であるチーム医療は、必ずしも歓迎される方法ではありませんでした。

しかし、当時国立国府台《こうのだい》病院長であった村松常雄（1900–1981）や、一九五五（昭和三〇）年から私が勤務していた国立精神衛生研究所の精神科医師、加藤正明、井村恒郎ら力動精神医学を推進する新しいグループが中心となって、精神科医療におけるチームの概念が提唱されたのであります。

一九五〇（昭和二五）年、従来の「精神病者監護法」が廃止され、精神衛生法が公布されました。その一環として、国は前述の国立精神衛生研究所を設置したのであります。ほとんど同時に名古屋大学精神医学教室でもＰＳＷが配置されています。

ちなみに、私は村松から、彼が世界精神衛生運動の父といわれるクリフォード・ビアーズ（Beers, C. W., 1876–1943）に直接会って、握手を交わしたと聞いております。村松はわが国における精神衛生運動展開の必要性を強く感じ取ったのでありました。全米精神衛生運動は、ビアーズがうつ病にかかり入院した際、病院の処遇の非人間性を経験し、その改善を広く世に訴えようとしたことから発しています。

村松や加藤、井村ら先覚者の先見の明なくして、今日、わが国における精神科ソーシャルワーカー（精神保健福祉士）の発展は考えられません。

一九七二（昭和四七）年、厚生省（現、厚生労働省）は中央社会福祉審議会職員問題専門分科会によってまとめられた「社会福祉士法制定試案」を公表しました。これはわが国では初の福祉専門職制度を打ち出したものといえるでしょう。

内容的には、（1）公的機関のソーシャルワーカーと、（2）施設職員と、（3）保育士・寮母という三者並立の資格制度を定めたものです。しかし、学歴による上下関係が含まれており、福祉関係の協会・団体や労働組合あるいは学会等の反対があり、国家資格化にはつながりませんでした。むしろ日本精神医学ソーシャル・ワーカー協会としては社会福祉総体としての基盤整備が先であろうという論調によって、同試案には反対の意向を表明したのであります。

「Y問題」の提起

一九七三（昭和四八）年には、日本精神保健福祉士協会（当時、日本精神医学ソーシャル・ワーカー協会）として、その意義を今日でもなお重視しなければならない「Y問題」が提起されました。同年、横浜で開催された協会の第九回全国大会の席上、当事者であるY氏自ら「協会員である一ＰＳＷによって不当にも入院させられた。二度と再び人権を無視し、侵害することのないように」と訴えられたのであります。協会内ではこの問題に対する議論が尾を引いて、一九七六（昭和五一）年の第十二回全国大会（静岡）が中止になるという残念な事態を経験しなければなりませんでした。

その年以降、毎年総会を開くことは開いたのですが、ＰＳＷとは何か、資格制度はＰＳＷの専門性を保障しうるか、協会としては最優先させて「Ｙ問題」をどう総括するのかを議するべきではないか、といった論議などで紛糾し、一定の方向にまとまるまで約十年弱の時間が必要でありました。ようやく一九八二（昭和五七）年、第十八回全国大会（札幌）で「精神障害者の社会的復権と福祉のための専門的・社会的活動を進める」ことを協会の基本方針とすることの決定がなされました。これがいわゆる「札幌宣言」で、この基本方針は今日でも生きているし、また今後とも堅持していかなければならないものであります。

一九八七（昭和六二）年三月になると、厚生省は中央社会福祉審議会等福祉関係三審議会の合同企画分科会を通じ、「福祉関係者の資格制度について」意見を公表しました。ようやくソーシャルワーカーの資格化が私たちの視野に入ってきました。そして早くも同年五月には「社会福祉士及び介護福祉士法」が成立、施行されています。この法律においては、社会福祉士および介護福祉士という主として人口の高齢化に対応する社会的ニーズに応えるソーシャルワーカーの資格化を取り上げ、一般医療ならびに精神科領域におけるソーシャルワーカーはその範囲外に置かれたままでした。

厚生省「医療ソーシャルワーカー業務指針」と日本精神医学ソーシャル・ワーカー協会

一九八四（昭和五九）年の宇都宮病院事件は、精神科医療の世界を震撼させる事件でありました。国内外の大きな反響もあり、これを契機に一九八八（昭和六三）年には「精神保健法」が施行され、人権擁護と社会復帰の促進という二本柱からなる法律が成立しています。

この直後、厚生省は医療領域におけるソーシャルワーカーの資格化上程に向けて動き始めました。一九八九（平成元）年、厚生省は「医療ソーシャルワーカー業務指針」なる文書を打ち出しましたが、その基礎資格は高卒三年というもので、われわれPSWのみならず、多くのMSW（医療ソーシャルワーカー）の納得するところとはなりませんでした。

われわれは、この厚生省業務指針に対して、（1）学問的基盤を社会福祉学とし、（2）基礎学歴を四年生大学卒としました。さらに（3）資格制度整備にあたっては、PSWがその専門性を十分に発揮できる条件を整備すべきであることを強く打ち出したのであります。

一方、PSW資格については日本看護協会をはじめとして、さまざまな反対意見があり、紆余曲折を経て、一九九七（平成九）年一二月に至り、ようやく「精神保健福祉士法」が成立したのであります。当時日本PSW協会は、一六二一名の会員を擁する組織でした。一九九九（平成一一）年、国家資格化に伴い、日本精神医学ソーシャル・ワーカー協会は名称を変更して「日本精神保健福祉士協会」として再スタートを切りました。二〇〇〇（平成一二）年一一月には会員二三八九名、さらに、二〇〇四（平成一六）年六月には社団法人格を取得し、旧日本精神医学ソーシャル・ワーカー協会発足以来、実に四十年を経て、社団として世に認められたのであります。まことに隔世の感を覚えたものです。こうして社団法人日本精神保健福祉士協会は、再々スタートを切ったといいえましょう。

今や協会は二〇一〇（平成二二）年二月現在、七二四六名を擁する専門職団体になっています。しかしながら、「精神保健福祉士」有資格者は国全体では四万人を優に上回っている状況です。協会の組織率は二割に満たない状態です。精神保健福祉士法成立から十年、これは協会にとって大きな課題であります。

福祉における閉塞状況

さて目を転じて、現今の福祉を取り巻く状況について触れてみましょう。

日本ソーシャルワーカー協会の会報最近号に、福祉は閉塞状況にあるという論説（連載コラム）が掲載されています[3]。介護保険法（一九九七年）、社会福祉法（二〇〇〇年）、障害者自立支援法（二〇〇五年）以降、目立つ現象の一つとして、福祉状況について読者の留意を促しています。ちょっと中身を紹介しますと、（1）福祉世界に生気がみられなくなった。特に社会福祉法人は運営が画一的、効率的で、民間の先駆者的開拓（者）性が感じられなくなってきた。（2）福祉における国家責任の委託先としての社会福祉法人の本質が失われつつある。そして、（3）地域のニーズにもう一度立ち返る必要があると、その問題性を提言しています。

少々詳しく、以上のことを点検してみましょう。

社会福祉法では、サービスの基本的理念として個人の尊厳の保持、利用者の自立支援、良質で適切なサービス、保健医療との連携を掲げ、総合的に利用者本位に立ち、地域福祉の推進を目的に社会福祉法人制度が設定されています。付言すれば、「社会福祉法人以外の組織や団体には公的資産の支出・利用制限があり、公金は使えないということ」なのです。逆の言い方をすれば、社会福祉法人を、公の支配下においているということです。社会福祉法人は、財政・運営がすっかり保障されているという一種の特権があるということでもあります。

こういう状況のなかで特別に保護されている社会福祉法人は、発想そのものや、行動の方向性などについて、想像力を働かせて考えなくても、行政が敷いてくれるレールの上をたどればいいのだという法人も、なかにはあるのではないかということでもありましょう。

このような社会福祉界における閉塞状況への対応として同協会はさらに、次の五項目を提案しております。（1）まず地域住民と手を取り合い、（2）新たな意識と気分を取り戻し、（3）新しい実践を創造していきたい。（4）福祉の団体や協会はその牽引車にならなければならない。そして最後に、（5）社会福祉法人はより自由で身軽なＮＰＯ法人や一般社団法人を併設して、新たな地域ニーズを見つけ、挑戦していかなければならないというのであります。[4]

私はおおむねこの提案に賛成するものですが、以下、私なりに福祉の状況を読み解いて、打つ手を考えたいと思います。

福祉の状況を読み解くということは結局、福祉の実践者にとっては「ソーシャルワークに帰れ」ということになるのではないでしょうか。まず、自分自身コミュニティの一員であるという意識の涵養に努めるということでしょう。それは病院や施設の相談室等において、〝密室〟の閉鎖状態から脱出し、障害者も高齢者も含め、住民みんなで生きるというコミュニティ意識をもとうとすることでありましょう。ただし、そこには「個の重視」が問われなければなりません。いわゆるマネジメントシステム、管理運営体系のもと、対象となる人の「個」が見失われつつある今、まさに「ソーシャルワークに帰れ」が合言葉になると思うのであります。

マネジメントという用語は本来ソーシャルワークにはあまりなじまない言葉なのであります。英和辞書を引いてみると、取り扱い方、操作、処理、経営、管理、監督そして取り締まり等々とあります。こういう響きの言葉を、皆さんはソーシャルワーカーとしてお使いになりたいでしょうか。相手クライエントを対象化して操作したり、管理したりする仕事はソーシャルワークではありませんし、福祉用語とはどうしてもいいがたい。むしろ営利的な生産活動や警察官の職務執行といった際にはふさわしい内容を示唆する代物《しろもの》です。

ソーシャルワークにおける「時間」の考え方

私は、ソーシャルワークにおいては何事も効率ではなく、「協働」を考えていきたいと思っています。ここではソーシャルワークにおける時間の概念を再認識し、今こそ「時熟」[5]を念頭に、相手クライエントと向かい合うことが求められるのであります。

時熟について、村上陽一郎は、「生産過程では、露骨に言えば、仕事の達成に要する時間は悪なのではないか、出来うれば、それはゼロにまで縮減したいものなのだ」。続けて村上は、生物現象においてはこうした接近は間違いであるとし、「胎児が母親の胎内に宿って、一日一日と育っていくとき、約四十週という時間の経過は胎児自身にとっても、母親になるべき人にとっても、断じて飛び越えてしまうべき、或いはなくもがなの時間ではないのである」といいます。

能率を重視し、時間の浪費は悪だというのは一九八〇年代後半のバブル景気初頭に差しかかる頃のことで、村上はこうした企業における能率主義に対し、厳しい批判を提起したのであります。しかし企業においても近頃は、能率を追求するあまり人間性を無視した経営は見直されるようになっているということです。不況下にあってもこういう会社は元気だといいます。

いずれにしても、時熟の意味することのますますの重要性については、変わることはありません。ましてやクライエントとの関係を最重視するソーシャルワーカーにあっては、時熟を肯定するのはごく自然なことです。ソーシャルワーカーにはこれくらいしか武器がないのでありますが、相手クライエントの言い分を尊重し、かかわりの熟すときを待つことができるかどうかが、われわれソーシャルワーカーに問われているのであります。

時熟について、村上はさらに、人間の営みとしての技術に関連して歴史を振り返ってみようとしています。ちょっと長くなりますが引用すると、「技術が文化的文脈の中で十分な成熟を見せたとき、それは、決して『非人間的』なものでもなければ、人間性に歯向かうものでもなかったはずである。『人為』は、まさに人為であるがゆえに、本来最も人間的な、人間の本性に適うものとなるはずなのである。一つの時代、一つの社会が、その共同体の中で技術を追究し、極めつくしたとき、ハイデッカーの言葉を使えば、そこに一つの『時熟』《ドイツ語で Zeitigung》が訪れたとき、それは穏やかに、その共同体の『人間』に寄り添うものとなる」といっています[6]。

時熟という言葉は、もとはハイデッカー（Heidegger, M., 1889–1976）の言葉であります。しかしそのことより、これらの村上の言葉はきわめてソーシャルワーク的でさえあります。ソーシャルワーカーがクライエントとの間で、かかわりを構築しようとするときの試み、すなわち技術と、いい意味での忍耐を的確に言い表しているといえないでしょうか。

それはソーシャルワーカーが「クライエント自己決定の原則」を何にも増して尊重し、協働の理念に立って、相手クライエントとの間に、十分時間をかけてかかわりを創造していくことが自分の本来の専門性であり、職業的な自己自身であるというアイデンティティを保持しようとするからであります。

ソーシャルワーカーの姿勢、再検討

福祉の状況を読み解く際に、何が大事になるのでしょうか。

地域にあって、仕事とか、業務をただこなすというのではなく、「ここで、今 (here and now)」、コンパッション (compassion) をもって、相手クライエントと向かい合うことではないでしょうか。コンパッションのコン (com) は「共に」という意味です。パッションは情熱ですが、受苦という意味もあります。すなわち、情熱を傾けて苦難を共にするのがソーシャルワーカーです。

その際ソーシャルワーカーに求められるのは地域を見通す視点です。地域でかなり困難な生活を強いられなければならないクライエントの支援にかかわる経験は、十分このコンパッションのうちに秘められる受苦を共にするという意味内容が込められていると思います。そこではソーシャルワーカーには、事態への冷静な観察と、クライエントとの真摯な対話能力が必要です。そこに繰り広げられるかかわりのなかで相手方の「語り」に耳を傾ける、つまり傾聴という決してやさしくない技術をもって、クライエントに向かおうとするのであります。これはソーシャルワーカーに求められる姿勢であり、また中心的な課題であります。

私の尊敬する横須賀基督教社会館の前館長、阿部志郎は、イギリスの経済学者、アルフレッド・マーシャル（Marshall, A., 1842–1924）の言葉を紹介しています。〝Cool head and warm heart〟[7]という言葉ですが、マーシャルは「社会の問題に対して、学生はすべからく暖かい心情と冷静な頭脳を持たなければならない。そういう人物を送り出して社会問題を解決することこそ、ケンブリッジ大学の使命である」といったということを、私は阿部先生から学びました。

ソーシャルワーカーにとってコミュニティとは何か

前にコミュニティという用語が出てきましたが、そもそもコミュニティとは何でしょうか。

辞書には、（1）（国家、都市、町村、学校、同宗・同業などの）共同社会、共同生活体、共同体、地域社会、（2）一般に社会、（3）共用、共有、（4）共通性（利害の一致）、その他（5）動物学や植物学で群などとあります。

ソーシャルワークの論議に合わせて検討したいのですが、阿部はコミュニティとは「在るものではなく、作り出すものである」といっています。われわれのコミュニティは血縁を拡大した地縁社会で、「縁」という構造の存在概念があり、われわれはその中の住民です。住民は地縁社会に対して受身であるというのが阿部の主張です[8]。とすれば、ここでわれわれは何をすればいいのかについて、私は提案したいと思うのでありますが、それは新しいコミュニティ、すなわち「トポスの創出」であります。

病院も施設もコミュニティの一部ではありますが、クライエントにとってほとんど服従に等しい約束を強いられる密室性を点検しなければなりません。服従というとかなりきつい言葉に聞こえますが、医療の領域ではこれを英語で表現し、「あの患者はコンプライアンスがいい」とか「悪い」といったりするのを聞いたことはないでしょうか。

トポスについて

トポスとはギリシャ語で、「場」とか「場所」のことです。中村雄二郎[9]は、その中に四つの意味を含ませて解明を試みています。(1)存在根拠としての場所、(2)身体的なものとしての場所、(3)象徴的なものとしての場所、(4)ある主張についての表現や論じ方としての場所です。トポスは単なる物理的な場所ではないことがわかります。

それは人が生きる場であり、帰属感を覚えることのできる場であり、誇りをもつことのできる場、人生や生活を語り合える場、そしてそこで人びとは何ができるのかを議論する場だというのであります。すでに述べたように地域の作業所でもいいし、地域生活(活動)支援センターでもいい、ソーシャルワーカーはトポスにおいて利用者、関係者、町の人びととかかわりをもつのであります。

ソーシャルワーカーは新しいコミュニティの創造に取りかからなければなりません。まず、ソーシャルワーカーはクライエント・利用者を含む地域住民との協働によって、新しい場を創ります。この場とは従来いわれてきた〝臨床〟の場ではなく、「人が生活する場であり、人が集まってくる場」でなければなりません。私は臨床の場と区別して、これを「トポス」といっているのであります。

ちなみに臨床は英語の clinical の訳語です。もともとギリシャ語で、クリネーといい、寝台や担架を意味していました。したがって、クリネーに臨むとは、寝ている人を診るということになります。つまり医学モデルの用語で、病者や弱者を対象とします。精神障害者は病気と障害を併せもつ存在といわれますが、ごく普通の生活を営もうとする人で、決して弱者と規定してしまってはならないのであります。

ソーシャルワーカーは生活者中心を志向する専門職です。したがって医療従事者でもなく、医学モデルに立つものでもない専門家ですから、ソーシャルワーカーには臨床という言い方はふさわしいものではありません。たとえ病院職員であっても職業的専門性はあくまでもクライエントの生活中心を志向する福祉従事者です。

臨床とか、臨床ソーシャルワークなどという言葉は使いたくないものです。私も一九七〇年代末まで、この臨床という言葉をよく使っていたものです。実践という言葉とほとんど同義に使っていた不明を恥じるものであります。だからソーシャルワーカーは臨床ではなく、今いったような意味で、クライエントの生活支援に当たる営みとしてのトポスの創造にかかわる専門職なのです。

「協働」ということ

次に「協働」について考えてみます。

私は、協働はソーシャルワークに特有の用語であると思っています。これは「クライエント自己決定の原則」というものがこの専門職の至高の価値としてその基礎に置かれているからであります。協働というかたちの「かかわり」はソーシャルワークの中心的技法です。したがって、協働なしには専門性は成立しません。協働の「相棒」はクライエントであり、その拠点は施設、病院ではなく地域に創ります。そういうわけで、地域の福祉的施設で働くソーシャルワーカーはもちろんのこと、病院や診療所などでソーシャルワークに従事するワーカーには、地域の拠点としてのトポスの創造が求められるのであります。

ここでさらに、クライエント自己決定についてもう一度私の考え方を披露しておきたいと思います。自己決定の原則は生得的な（生まれながらの）静態的権利論というよりも、かかわりのなかで自己決定が結実する力動的関係論として、私はとらえたいのであります。静態的とは観察、検査等によって横断面的にクライエントを一つの尺度に当てはめて理解することにほかなりません。言い換えると、静態論では相手を対象化し、その能力の程度などによって分類判別を図ることが、理解するということになるのです。したがって、自己決定を単に能力などの問題として論じることは適切ではありません。

これに対し、力動的というのは潜在的可能性をもつクライエントに対し、自ら語る自由を保障するという見方であります。そこでは、かかわりの質はクライエントとの協働性が活かされていたかどうかが大きな要素です。たとえば、かかわりにかけた時間の経過が十分保障されていたかが、ソーシャルワーカーに問われなければならないのであります。

*本大会（静岡）のキーワードの一つは「暮らし」であり、また「つながり」であります。暮らしとは、その字義どおり、社会で生活を営むことです。クライエントは地域で暮らしを営む生活者です。しかし、精神疾患やその障害のために、生活上の不便をやむなくされることがあります。そういう人について、確かに現象的には暮らしにくさを見るわけですが、だからといって「生活障害者」というレッテル貼りは、これもソーシャルワーカーとしてはふさわしいあり方ではありません。ソーシャルワーカーはクライエントが独自の生活スタイルを維持できるように支援を行います。クライエントの人格を尊重し、人権を護り、人間としての暮らし方の自由を保障します。これが「クライエント自己決定の原則」に一致します。

今、人権といいましたが、これにはなかなか難しい意味があります。また無前提に社会正義といわれても困るのです。カナダのソーシャルワーカー協会のホームページを見ると、「ソーシャルワーク実践の基礎理念は、人権と社会正義です」と書いてあります。[10] ここでの社会正義とはいったいどういうことなのかが気になります。大体社会正義を構築する通念なるものがあって、働かざる者、食うべからず、障害者は第二級市民、非行・犯罪者は排除の対象、生活保護受給者は自立意識に欠ける人、そういう類の人にならないように努めなさいという、個の存在を認めない規範を価値とします。これが社会正義の一面の意義です。ソーシャルワークはむしろこうした社会通念にとらわれて、身動きならない状況に追い込まれている事態にこそ挑戦するのです。

自立するクライエント――アセスメントの再検討

次に自立とは何かについてです。

それは地域で孤立せずに、生活することです。これに対するソーシャルワーカーの支援は「つながり」の保障です。今や、このつながりを広げ、協働による地域戦略を展開することが求められています。そこに必要なのは「個」の重視であり、これこそがソーシャルワーカー特有の視点です。この視点に立って地域ネットワークを構築し、運用することはソーシャルワーカーに必須の知識と技術であるといえましょう。

＊第 45 回社団法人日本精神保健福祉士協会全国大会／第 8 回日本精神保健福祉学会

ここで「人と状況の全体性」についてお話しします。これはいわゆるアセスメントにかかわる用語です。かつてアセスメントは「社会診断」とか「心理社会診断」などと呼ばれていました。しかし今日では相手クライエントを対象化し、病理や弱点を探索して、診断をつくり上げるのではなく、クライエントのニーズや希望する生活を中心に、クライエントをめぐる人間関係のありようや、公私のさまざまな要因からの影響を、クライエントと共に見る「かかわり」の構築こそが課題になっているのであります。

アセスメントはクライエントとの共同作業です。クライエントは診られる対象ではなく、共に見る協働者といわなければなりません。そこではクライエントとソーシャルワーカーは、いずれも主体的存在として、相互関係を保持するのであります。

ソーシャルワーカーの立ち位置と自己開示

そこでソーシャルワーカーの立ち位置について触れておきたいと思います。

これは生活者中心志向という言葉に尽きると思うのです。合理性にこだわらず、クライエントならびにソーシャルワーカーの主観性や感覚性を尊重します。それは先に述べた「ここで、今（here and now）」を生きようとするクライエントと共にあることを志向することにほかなりません。

ちなみに医学モデルの診断は、「あそこで、あのとき（there and then）」に属するのでありま す。クライエントに対する診断は〝統合失調症（精神分裂病）〟だとか〝うつ〟だとかいわれると、何となくわかったような気になるとすれば、これはまさに「あそこで、あのとき」にとらわれているといわざるをえません。

ソーシャルワーカーとクライエントは相互主体的関係にあるといいましたが、これに基づいて、ソーシャルワークが展開されると思うのであります。従来の援助概念を見直し、ワーカーとクライエントの間の情報の格差を克服し、そのうえで、必要な諸情報を共有する仕事から始めなければなりません。

そこではお互いの責任性のシェア（持分）を明確にすること、「これは私がします（できます）」「それはあなたにしていただく分だと思います。あなたができることだと思いますがいかがでしょうか」といったワーカーからの呼びかけ、言葉遣いには細心の注意が必要ですが、これに対しクライエントの応答がなされれば、この責任性のシェアは進むでしょう。

クライエントには潜在的な可能性が秘められています。ソーシャルワーカーが胸襟を開くことによって、クライエントのワーカーへの信頼感はより大きなものとなりましょう。「この人はこんな考え方をもっていたのだ」とか、「この人はこういう感じ方をすることがはじめてわかった」と気がつき、信頼感を増幅するとともに、問題解決への積極的な関与の道が開けていくのです。

ここでソーシャルワーカーの自己開示について触れておきたいと思います。ソーシャルワーカーには、上に立って指導・教示するというのではなく、自分自身の考え方や気持ちを率直に相手に伝え、協議する姿勢が必須です。自己開示はソーシャルワークの援助・支援の最も重要な方法の一つですが、多くのソーシャルワーカーはおそらくこれについては困難を覚えているのではないでしょうか。医師や看護師と違って、われわれは手にこれといった技術を持ち合わせません。せめて自己開示の手法を積極的に内実化して活用したいものです。

地域ネットワークの展開

最後に、地域ネットワークの展開について考えます。

地域のソーシャルワークは作業所のワーカーだけの専売特許ではありません。すでに協働のところでも触れましたが、病院・診療所も例外ではありません。ソーシャルワーカーには密室的な相談室から外に向かう意思的な行動が必要とされます。何らかの地域活動に積極的に出るよう、道を開き、退院先の開拓には作業所等を活かしてトポスを創り、そこを拠点にして、障害者を含め地域住民と交わることができるでしょう。ここでも自己開示の技法が必要になります。

相手が利用者・クライエントでなければならないという理屈はありません。障害者に対する地域社会の差別に対しても、ソーシャルワーカーは市民・住民にきちんと正対して自分の考え方を伝え、たとえばボランティアなどとしてトポスに招くことができれば、以後はかえって理解者になり、協力者になりうる可能性をもっている人たちではないでしょうか。きっとそれらの人たちはトポスの創造に手を貸してくれるはずです。

まとめ―クライエントの生活支援に未来を開く

主要な手立ては諸情報の収集と、それのクライエントとの共有、そして共に行う吟味ということがまず考えられるでしょう。

地域にあっては、ソーシャルワーカーは目的に沿って、自らの関心を表明すること、顔つなぎにエネルギーを使い、知り合いを増やすことです。また、病院・施設においては自分が所属することの意味を再考することが必要になります。病院や施設等機関を再定義することにより、主体的にクライエントが集まり、活動し、生活を営むところとして存在しうる場があるかどうかの検討を深めることが求められます。その際、自分の職場がどこであろうと、地域にトポスを創造する新しい道筋がありうることを視野に入れて、検討を進めたいものです。

そうした道筋を切り拓くとき、ワーカーとクライエントの間には協働の可能性が開花するでしょう。これは従来のソーシャルワーカーの介入とは全く質を異にするものであります。いわゆる相互主体的なかかわりだからです。クライエント・利用者も主体、ソーシャルワーカーも主体、主体と主体とのかかわりという新しい質の関係が開かれます。

参考までに従来の治療・援助の視点・特徴と、ソーシャルワークの生活支援のそれを対比させた表を掲載して参考に供したいと思います（表1・2）。

ソーシャルワーカーが「明日に向かって、新しいトポスの創造」という課題に取り組むとき

表1　専門家的な意見（エキスパティーズ）

1	技法	ツール化
2	理解	病理・問題性
3	関係	対象化する治療的関係
4	姿勢	エビデンス（証拠に基づく客観性）
5	価値	科学的合理性
6	場	病院・施設等の臨床の場（密室性）
7	対応	治療（他律的）
8	能率	重視
9	時間	縮減
10	目標	治癒

表2　ソーシャルワークの専門性

1	技法	クライエントとの協働
2	理解	人と状況の全体性
3	関係	相互主体的関係
4	姿勢	主観性、感覚性の重視
5	価値	人格の尊重と人権の保護
6	場	トポス（場、地域性の重視）
7	対応	クライエント自己決定（自律的）
8	能率	協働によるペースを大事に
9	時間	「時熟」の保障
10	目標	その人独自の生活の尊重

に、地域のネットワークの展開は必須の仕事になります。それは共にトポスを創造していくことから始まります。

重ねて強調したいことは、ソーシャルワーカーとして決して忘れてはならないこととして、クライエントの「個」としての存在と都合（ニーズ）の尊重と、その人とその生活への思いやり、そしてコンパッションの保持であります。

［本稿は、第45回社団法人日本精神保健福祉士協会全国大会／第8回日本精神保健福祉学会　基調講演に基づく］

Ⅱ-1

ソーシャルワーカーの権威性

柏木　昭

本稿は、本書のテーマ性を補強するために新たな構想のもとに書き下ろしたものである。

Ⅱ

1 ソーシャルワーカーの権威性

柏木　昭

1　ソーシャルワーカーと権力

権力について

ソーシャルワーカーの平等性

権威性を語る前にまず権力について触れておきたい。

『広辞苑』によると、権力とは他人を押さえつけ支配する力、支配者が被支配者に加える強制力、とある。ソーシャルワーカーには権力という属性など考えられない、およそありえないと思うであろう。なぜならソーシャルワーカーとクライエントは対等であって、われわれは彼を自分の支配下に置こうなどと考えもしないからである。対等性はソーシャルワークの基本的な理念であり、技術面での原則の一つである。

二〇〇五（平成一七）年に改訂最終案として公表された「ソーシャルワーカーの倫理綱領」を見ると、その前文に、「すべての人が人間としての尊厳を有し、価値ある存在であり、平等であることを深く認識する[11]」とある。平等性はソーシャルワーカーとクライエントの位置関係が対等であることを示唆するものである。

支配的権力意思

しかし本当に、ソーシャルワーカーはクライエントを支配する意思をもたないでいられるであろうか。

生活保護受給者が、市役所を訪れ、福祉事務所のドアを開けるときに、後ろめたい思いを抱くことはありうることである。金のことで国に世話になるという負い目のほかに、それは福祉事務所側に対し、支配的権力意思を覚えるからであり、国家権力の自己に与える影響を福祉事務所のケースワーカーに投影するからである。福祉事務所のケースワーカーは、改めて自分が権力をもち、支配的な位置に立つことを自認して間違うことはない。

他人事ではない。最近でいえば、全国精神障害者社会復帰施設協会（全精社協）の事件があり、日本精神保健福祉士協会（以下、協会）の構成員が関与し、逮捕されるというきわめて残念な事例がある。この事件の詳細をここに記述する紙面の余裕はないし、本稿の目的でもないので割愛するが、ごく大雑把にいえば、厚生労働省の補助金不正流用事件にかかわった構成員がいたということである。

われわれの間でも深く、鋭い自己点検が必要である。精神保健福祉士としての倫理に悖《もと》る不法行為などは、自らの立ち位置をわきまえず、クライエントの信頼をないがしろにすることもあえて辞さない、思い上がった反社会的利己的行為である。やはり権力意思が別のかたちとなって現れたものといえよう。

権力意思はさまざまなかたちをとる。これは筆者のスーパービジョンにおいてあるスーパーバイジーから聴いた話である。プライバシーにかかわることなので、個人情報は控えることにする。スーパービジョンの理念が浸透していない状況下にあって、それは評価査定に使われることもありうる。現場において部下の指導と称して、自らの都合に合わせて言い分を曲解し、不当な批判を投げかけるなどから始まって、さらには不適切な評価のもと序列をつけて人を貶《おとし》めたり、あるいはことさらに優遇したりする人事権の恣意的な行使などもその一つの例であろう。

筆者の点検

また情報を統制するということも、やはりその意識の下に支配意思がないかといえば、それは疑問である。筆者自身の経験である。

筆者は一九五五（昭和三〇）年、国立精神衛生研究所（現、国立精神・神経医療研究センター精神保健研究所。以下、国立精研）に研究職技官として任官した。研究業務にはさまざまなものがあったが、やはり精神医学的ソーシャルワークの実践研究が中心であった。特に、わが国において、精神科医療におけるチームの概念の基礎をつくり上げたのは国立精研で、そのなかのソーシャルワークの役割については、同研究所の相談室を拠点として、日本の精神医学にはなかなか受け入れられないようなソーシャルワーク、当時筆者は好んでケースワークといっていたが、忙しくそうしたチームの一端を担う役割とその機能についての研究に従事していた。

一九六三（昭和三八）年から、筆者はデイケアセンターの実践研究に取り組んだ。精神科デイケアが制度化される約十年前である。これは先述、チーム研究の具体的な筆者の選択であった。一九七一（昭和四六）年、時あたかもわが国は七〇年安保改正に相前後して、大学闘争の激しい勃興のときであった。国立精研デイケアでも、大学を卒業してきたばかりの者が、いわゆるスタッフとして入ってきたときであった。そうした若い非常勤職員や研究生から、デイケアのあり方に関して、疑問が提起されたことがある。デイケアでは常勤職員がトップに位置し、その下に非常勤職員や研究生がいて、最下層に利用者（通所者）がいる。こういう階層構造による、業務に名を借りて〝通所者を抑圧する者〟としての常勤職員集団への反発であった。

常勤職員はこうした運動に対して、話し合いを提案し、受け入れられて継続的に討議することとなった。デイケアの通所者（メンバーと呼ばれる）を放りっぱなしにして、話し合いに明け暮れた。メンバーにとって致命的なことは、話し合いの中身を正確に伝えるチャンネルをスタッフがつくらないでいたことである。当然メンバーに漏れていく中身は不正確なものである。メンバーの間には、もしかしたらデイケアが閉鎖されるかもしれないといった不安が広がってしまった。ここにもスタッフの権威性が見え隠れする。説明を怠るというのは、実に通所者からすれば、権力の行使に当たるのである。

しかしこういう危機状況で、われわれスタッフを救ってくれたのは、ほかでもない、実にメンバーたちだったのである。スタッフのいない全体集会の部屋で、あっちにひとかたまり、こっちにひとかたまりといった輪をつくり、今後自分たちに何ができるのかを相談し合っていたのである。スタッフはそういう情景を見ながら、情報を共有するということがいかに大事なことであるかについて、遅まきながら気づいたのである。言い換えれば、情報を共有しようとしないことはスタッフのいわば専横である。深く反省した次第である。[12]

ソーシャルワーカーの立ち位置

相互主体的な援助関係

ソーシャルワーカーが権力意思をもたなくても、クライエントはそれの受け手として受動的になってしまうのが、援助・支援「関係」のそもそもの性質なのである。受け手があればこそソーシャルワークが成り立つ。同時にソーシャルワーカーは援助・支援を提供する主体になっているということなのである。しかしその中身の適否については細かに問われることはない。この場合、主体は権力性という属性から切り離すことができない存在になってしまうのである。

また逆に、ソーシャルワーカーは援助主体であるとともに、クライエントからのさまざまな働きかけを謙虚に受け止めなければならない受け手でもある。ソーシャルワーカーとクライエントは等しく相互主体的な存在なのである。そのとき両者には、主体的・自律的自己が求められる。両者における主体性の確立の可能性があればこそ、そこに社会的存在としての人間を位置づけることができることをわれわれは知らなければならない[13]。

ワーカーは決して権力をもたず、また行使しないというのがソーシャルワークの理念である。しかし理念と現実の間にはギャップがある。ソーシャルワーカーは、そのことにおいてきちんとした理解と自覚をもたなければならない。本来、クライエントとの関係は強者と弱者の関係ではなく、冒頭に述べたように人格の尊重のうえに成り立つ対等性によって規定された専門的な「かかわり」なのである。

厄介なことに、善意は権力と表裏一体である。自己自身の権力性に対する反動形成（reaction formation、リアクションフォーメーション）として「受容」が語られたり、「クライエント自己決定の原理」が主張されたりすることさえあるのである。つまり、無意識レベルの動機形成も反省の視座の一つである。

自己覚知とセンス（感性）

われわれは従来、技術の側面での自我の矯正・強化を論じてきた。技術への過大な期待、それはおごりといってもいいが、力動論の名のもと、ソーシャルワーク、ケースワークといった一方向的な働きかけをしてきたことを反省せざるをえない。われわれはソーシャルワーカーとクライエント両者における主体性の確認によってはじめて、社会的存在ないし生活者としての人間の自立を語ることができるのである。

このようにソーシャルワークには権力性がつきまとう。クライエント自己決定を論じ、それをかかわりの原理と位置づけても、権力性は払拭できない。そこに、まさに自己覚知の必要性がある。これはソーシャルワーカーの自己覚知という専門的自己理解であると同時に、センス（感性）の問題でもある。後に触れるが、これはスーパービジョンの機会を活かし、自己自身の専門的成長を図ることによって改善が期待されるものである。

知識と技術は座学や教科書でもある程度、身につけることはできる。しかしセンスは「かかわり」の経験と厳しい自己点検を積まないと身につかない。スーパービジョンを援用してはじめて、ソーシャルワークという権力的位置にありながらも、自覚のもと、仕事の難しさを越えることができるのではないか。

逆な言い方をすれば、センスという一種のコツを身に覚えたソーシャルワーカーはこの仕事の尊さと、面白さを体感できるようになるであろう。

精神科医療におけるソーシャルワーカーの専門性

自己自身への直面

「権利擁護の視点」という言葉がよく使われるが、こういう視点をもつのは生易しいことではない。通常、対象となるクライエントに対する業務に係る人権・権利侵害や、倫理違反までは問われないのであるが、自分がそれに近い手続き（たとえば強制的入院手続き）をとらざるをえないこともある。

東京精神医療人権センターの木村朋子は、その機関紙『おりふれ通信』の最近号に、ティナ・ミンコウィッツ（Minkowitz, T.）の「強制医療は拷問だ」という発言に共感し、感想文を書いている。ミンコウィッツは、二〇〇六年一二月、国連総会で採択された障害者権利条約の策定に当事者代表として参画した一人であるという。木村は「入院施設でなく外来診療所でＰＳＷ（精神保健福祉士）として働く私も、入院を嫌がっている患者さんの強制入院に努力することがあり、（中略）やられる側に立てば、強制医療などごめんだ、あってはならないと思うのは当然だと思う」という。氏は「強制入院はあってはならない」と主張する患者さんの気持ちを受け止めながら、「そういう理想をきっちり掲げておくことの必要性も強く感じ」ながら、仕事に向かっているということなのであろう。[14]

この、人の気持を受け止めるとか、思いやるという能力はソーシャルワーカーにとってなくてはならない資質の一部であり、ソーシャルワークにおける技術的側面に属する「想像力」という要素である。とともに、理想をきちんと自覚しながらも、それに必ずしも合致しない日常行為について深い反省をもちうることも専門性の一要素である。

専門性の保持は、必ずしもやさしいことではないが、丹念に自己検討を加え、次なるかかわりの留意事項として活かすべく、継続的に注意を向ける努力をしたいものである。スーパーバイザーがいれば最善である。いなければ、先輩でも、同僚でもいい。対話することによって、自己自身に直面することが望ましいと思う。

2 ソーシャルワーカーの権威性

権威性とは何か

権威性vs権力性

権威性は、権力性とほとんど同義に用いられる。権威とは一般に他者を強制し服従させる威力と理解される。しかし、筆者は権力性に対して、権威性を積極的・肯定的にとらえている。それは自己自身に潜在する権力性への反省的な直面ができていることが条件になる。

『広辞苑』には、権威の二番目の釈義として、「その道で第一人者と認められている人」とある。たとえば「数学の大家」などである。ソーシャルワーカーについていえば、第一人者である必要があるかどうかはわからないが、少なくとも、クライエントのために仕事が成り立っているかどうかについては、優劣の判別がつくのではなかろうか。

その道に熟達したものをよく権威とかベテランという。ソーシャルワークにおけるベテランは技術の面において熟練したものである。しかし、それを裏打ちするソーシャルワーカーとしての倫理性を身につけていなければならないばかりではなく、ソーシャルワークの価値をよく理解している専門家でなければならない。その辺に権威性、ベテランの味がある。ここに自己覚知の意義があるのである。

ベテランの味

ベテラン

スーパーバイザー（以下、ＳＶＲ）はベテランとして、後進のソーシャルワーカーを指導しうる力量をもつものである。方法としては、後輩の実践にかかわる報告を傾聴することを通して、スーパービジョンが行われる。しかし現実的には、スーパーバイザーといわれる人の姿勢には指示、指導が意想外に多いのではないか。「こうしてみたら」「それじゃあ相手はついてこないよ」などである。

技法の伝達を含むスーパービジョンは優れて権威性のなすわざである。つまりベテランの味をもつ助言といえるであろう。しかしここでもスーパービジョンにおける権力構造に留意する必要があろう。ＳＶＲはスーパーバイジー（以下、ＳＶＥ）と同一職種であることが一つの要件になっている。ＳＶＥがソーシャルワーカーであるときはＳＶＲもソーシャルワーカーでなければならない。だから、ソーシャルワーカーが上司である医師のスーパービジョンを受けるわけにはいかない。ソーシャルワーカーは時に医学的な助言を受けるが、それはコンサルテーションである。

スーパーバイザー

ＳＶＲはＳＶＥにとって上司であり、先輩である。これは個別スーパービジョンにおいてだけの例ではない。グループスーパービジョンにおいても支部・地区などで契約した講師をＳＶＲとしている場合が多い。両者とも意識するとしないにかかわらず、ＳＶＥと上司、ないし講師との間には関係性としての権力性が存在するのである。

グループスーパービジョンでは沈黙の時があるものである。ＳＶＲが質問しないと積極的に答えようとしないことが少なくない。あるいは、次の一言を待つメンバーの姿勢は、やはりＳＶＲに権力を認めるからにほかならない。権力構造はＳＶＲとＳＶＥが期せずして両者でつくり上げるのであろう。

このようにＳＶＲには権力という属性の存在は否定し難く、自らのスーパービジョンの実践をこの視角から点検する必要がある。ベテランは自身の潜在的権力性に気がついているソーシャルワーカーであり、その自己覚知のもと、肯定的な意味での権威性をもって後進のスーパービジョンに臨むものでありたい。

3 教え、学ぶ—スーパービジョンにおける権威性

スーパービジョンにおける相互主体性

スーパービジョンの関係

スーパービジョンではソーシャルワーク実践と同様、相互主体的な関係が保たれなければならない。「あなたはソーシャルワーカーに向いてない、落第だ」などといって、失敗を許さないSVRがいることを時々聞くことがある。明らかに間違いであることは容易に想像がつく。SVRはむしろソーシャルワーカーであるSVEが失敗することを認めることができなければならないのである。

講談師として第一人者であった故二代目神田山陽は弟子たちに、自分がもっている講談の技法を余すところなく伝えたという。それは自分が、講談が好きであること、また逆に弟子から自分が学ぶことができるからだといっている。

「多くの門弟たちに教え、その成果を聞いて（弟子を）直すうち、自然と自分の欠点を知ると同時に、教え方の誤りにも気付き、是正するようになった。（中略）教えることは教わること、

という実感と、試行錯誤を重ねながらも、絶えず反省することによって、弟子も私も、少しずつ進歩するということを体験として悟りつつあります[15]」

この偉大な講談師の言葉は、ソーシャルワークの領域でSVRとしてあるわれわれが、鋭い示唆として聞かなければならないものではなかろうか。筆者はここに先述した権威性の、いい意味での発現を見出すのである。われわれもクライエントから学ぶ。

「Y問題」から学ぶこと

「Y問題」とは

われわれは、一九七三（昭和四八）年、「Y問題」を経験している。日本精神医学ソーシャル・ワーカー協会（現、社団法人日本精神保健福祉士協会。以下、PSW協会）は、その後、この問題の十年弱にわたる討議を経て、ようやくわれわれが利用者の人格の尊重と人権擁護、そしてクライエント自己決定を堅持する立場であることを確認することができた。以来、日本精神保健福祉士協会はその歩んだ道、つまり協会が積み上げてきた歴史を財産として大切にしなければならないという点で一致し、今日に至っている。協会の歴史の中で課題として重視されたのは「Y問題」である。これは旧PSW協会会員にとって、その生涯にわたって、忘れてはならない教訓として大事にしようと総会採決（一九八二年）したものである。

「Y問題」は一九六九（昭和四四）年に起きた。協会が知ることとなったのは四年後のことである。PSW協会の会員であったある保健所の相談員は、家庭訪問の際Y氏（当時十九歳）を、一度も本人と面接することもなく、「精神分裂病（統合失調症）の始まりではないか」と推測し、その旨保健所に帰って記録に残した。この記録は立派な公文書である。結局ある土曜日の午後、保健所により警察官の助力のもと「家庭内で暴力をふるい、親が対応しきれず困っている」との理由で、精神科病院への強制的入院が行われた。

「Y問題」へのわれわれの対応

Yさんはその後、家族の応援を得て退院することができた。一九七三年の第九回全国大会（横浜）の席上、Yさんは支援団体とともに会場を訪れ、総会の場で自ら不当入院を理由に、当該相談員を告発したのであった。告発されたのは独りその相談員だけではなかった。われわれ会場にいた精神科ソーシャルワーカー（PSW）は、恥ずかしいことに、当該相談員を一斉に批判した。しかし結局、協会員全体こそYさんの告発の対象だったとの認識をもたざるをえなかった。

そしてこれを契機にソーシャルワークの仕事とは何か、クライエントの側に立つとはどういうことをいうのか、今日の精神保健福祉法（精神保健及び精神障害者福祉に関する法律）の前身である精神衛生法には違反しない入院援助であっても、人権侵害につながることがありうることなど、一連の討論を総括するのに約十年弱の年月をかけて、協会総体としてようやく学ぶことができたのである。

一九八二（昭和五七）年、札幌における第十八回大会で、ＰＳＷ協会は「精神障害者の社会的復権と福祉のための専門的・社会的活動を行う」とする基本方針を採択した。ここを起点としてＰＳＷ協会はようやく業務指針や、倫理綱領やそしてさらには、いよいよ資格制度実現への取組みを始めることができたのである。このようにＹ問題を教訓化しえたからこそ私たちは今日のソーシャルワーク実践に係る人権・権利擁護という価値を語りうるのである(16・17・18)。

4 地域とは何か

「臨床」ソーシャルワークの再検討

臨床とは

筆者は一九八〇年代いっぱい、年号でいうと、昭和五五年以降、平成に移る前後ぐらいまで、いわゆる診断主義に基づくソーシャルワーク、特にソーシャル・ケースワークを推進してきた。いまだ、地域の視点をもたなかったということでもある。

家族の当事者への影響を考えて、筆者は諸学会に「家族の力動性」といった論議も報告させてもらった。当事者に対する家族の抑圧の力を強調し、〝家族存在悪〟説に立ったこともあり、今から思えば、客観的な観察ができていなかったものである。母親のいうことは聞いても、父親の言い分はあまり聞こうとしなかった。父親は関心が仕事に向いていて、子どものことは、母親任せという通説に左右されていたからである。

時には家庭訪問を行うこともあった。母親の訴えを確認するといった程度の目的しかもたなかった。特に家族が、一人の精神障害者を抱えて、地域に暮らしている事実に目を向けなかったのは大きな間違いであることには、当時、かなしいかな、気がつかなかったのである。要するに、相談室という密室の中での相談に対応しているにすぎなかったのである。

これが「臨床」ソーシャルワークというものの実態である。事態の背景にある地域性は、自分の眼には入らなかった。そもそも「臨床」、クリニックという語はギリシア語でクリネーという。クリネーとはベッドのことである。ベッドには病者が横になっていて、そこには健康な人間は存在しない。したがって、臨床の対象は病者であり、弱者である。

生活者としてのクライエント

ソーシャルワーカーは、生活者としてのクライエントを支援の対象としている。生活者は必ずしも弱者ではなかろう。社会生活を送るなかで、何らかの人生経験のなかで、自分自身に不都合な事件や、困り事が起こり、自我の果たしうる力量を超えて、挫折を体験することは十分ありうることである。

それまでの人生のなかで、経験したことがないような事態に遭遇すれば、誰でも戸惑うのはごく当たり前である。すでに経験済みで、慣れていて、どうすればいいか、おおよそ見当がつくときには自分の中で、落ち着いて構えることができる。これを自我親和的（ego syntonic、エゴシントニック）といい、こういう事象には対処しうる。

逆に全く自分になじみのない場面に遭遇して、挫折を経験してもこれまた不自然なことではないのである。自分になじみのない場合、これは自我異質（ego alien、エゴエイリアン）である。こうした事態には自我（自分）として対処しがたいことになったとしても、ごく当たり前のことである。

密室性からの脱却

生活支援の視点

今日、地域社会には多くの精神障害者福祉のニーズに対応する施設や機能が出現してきており、もはや精神科病院だけが居場所ではなくなった。確かに病院は治療の場であるにもかかわらず、精神障害者にとって生き延びる場でもあった。生き延びるという言葉を使うのは病院には生活はありえないからである。ただ衣食住のニーズに応え、雨露を凌《しの》ぎ、人目を避ける場所として、嫌でも選択せざるをえない場であった。そこは密室以外の何ものでもなかった。

精神科ソーシャルワーカーはそういう密室の中で、患者の人格の尊重を主張し、クライエント自己決定をいってきた。このことについては、筆者が一九六〇年代にこの仕事に入ったごく初期からいってきたことではあった。しかし正直なところ、クライエントが生活する地域を見通すことができ、生活支援の視点をもつことができたのは一九九〇年代に入ってからである。

地域の力

ソーシャルワーカーの自己開示

先述の論考において、権力性は密室の中で生じ、クライエントを支配する危険性があることについて述べてきた。しかし真の権威性とは、クライエントとの豊かなかかわりのなかで、自分の信ずるところに正直な眼を置き、相手クライエントに通じる言葉をもってじかに接することができる力量である。これを可能にするのが自己開示である。

従来、自分の気持ちを相手クライエントに開き示すことなく対応し、時には助言をなし、時には指導する態度を維持してきたのではないかという反省をもたざるをえない。そしてこういう態度は、すべて人の眼にさらされない密室の中で行われてきた。失敗すれば、それはとりもなおさずクライエントの力不足であり、責任であって、ソーシャルワーカーの発言が間違っていたことを認めなくても済んできた。それは病院等医療機関の相談室という密室性に逃避し、自己開示をしないで済んできたからにほかならない。

ソーシャルワーカーに地域を見通す視点があれば、こういう間違いはしないであろう。当然地域のサンクション（sanction、道徳的拘束力）を受ける心構えをもつからである。

地域との連携

病院・診療所等の医療機関から地域を見通す視点の獲得は、いかにして可能となるであろうか。それは相談室から脱出することである。物理的な意味での言い方ではない。ましてや病院ソーシャルワークを否定するということでは全くない。それはそれで療養中のクライエントのニーズに応えていく仕事がある。また退院後のクライエントを生活者として見、支援に当たるということも、業務の一部分として欠かせない。

ただし病院ソーシャルワーカーが、地域に目をやるということは抽象的なものであってはならない。やはり地域生活を行う退院者には拠点が必要である。退院者にとっても必要であるし、生活支援に当たるソーシャルワーカーにとっても拠点がなければ、有効な仕事はできない。

こういう位置関係であれば、病院ソーシャルワーカーも連携の実をあげて、退院しようとする人に地域の拠点を積極的に紹介することができようし、自分もまたいくばくかの時間を使って、支援することができるはずである。

トポス

地域の力という言葉を聞くが、きわめて漠然としている。そこにトポスという拠点があってはじめて安心して生活ができる。

トポスはギリシア語で、「人が生き、人の集まる場所」をいう。それは地域に生活する精神障害者自身もその運営に参画する集会所であり、地域に対する生活者としての発信所でもある。たとえば従来からの作業所は典型的なトポスである。

そうすると、地域の人びとから、「何をやっているんだろう、どんな作業なんだろう。食堂や喫茶店があるのか、一回行ってみようか」ということになっていく。そしてそのなかから、地域の人の間に自我親和性が高まっていき、何らかの意義を見出して、ボランティアを志願する人も出てくる。トポスは広がりをもつのである。

まとめ

トポスは具体的には精神障害者小規模作業所（現、地域活動支援センター）として出現した。それは障害者の安心・安全を約束してくれる場所であった。精神障害者にとって通院と併せて作業所のような拠点にかかわることにより、自閉から抜け出て、再発を経験せずに生活を維持できた人は数知れない。

今後、トポスはさらに、当事者の自己実現に向かっての歩みを保障し、ＱＯＬ（生活の質）向上に貢献する場となるであろう。相呼応するように、地域の人たちが動き出し、ネットワークが創成されていく。それは、地域における障害者に対する偏見差別の構造に緩みをもたらす契機となる。

偏見のない真っ白な地域社会を筆者は望んでいるわけではない。少なくとも精神障害者が仲間とともに安心して暮らすことができ、ひとたび何らかの苦悩を抱いたとき、相談できる場としてのトポスという存在があれば、地域の人の偏見にからめとられるような生活を強いられることもなくなるのではないかと楽観する。
ソーシャルワーカーは地域で、トポスにおいてこそ裁可（サンクション）を受け、自らの権力志向をチェックできるのである。

［本稿は、本書刊行に合わせ新たに書き下ろされた］

Ⅱ-2

スーパービジョン論

佐々木敏明

Ⅱ

2 スーパービジョン論

佐々木敏明

1 スーパービジョンの意義と課題

スーパービジョンの意義

さて、私たちの仕事は、自らを媒介にしたかかわりのなかで展開していくわけですから、学んだ知識や技術をそのまま機械的に実際のクライエントにあてはめるわけにはいきません。専門教育を受け、資格を取得したとしても、初心者が現場ではじめからうまくやろうとするのは非現実的なことなのです。

認定スーパーバイザー*養成研修も、経験年数十三年以上が受講に必要な条件になっていますが、ソーシャルワーカーとして独り立ちできるまでには、三年から十年が必要だといわれているように、現場で経験を積み重ね、自分のかかわりを点検しながら必要な専門知識や技術を学び、成長し続けていくプロ意識が必要不可欠な仕事なのです。とはいっても、自分一人の努力で学び、クライエントとのかかわりについて、自己覚知（self awareness）を深めることは容易でないことは皆さんならおわかりいただけると思います。

また、当然のことですが、ワーカーの所属機関や施設としては、たとえ初心者であってもクライエントに不利益を与えてはいけないし、クライエントに一定水準のサービスを保証しなければなりません。

スーパービジョンは、このワーカーとしての専門的な力量を高め，成長を支援することと、クライエントが適切な支援を受けられるように保証することの両方にかかわっているわけです。

特に精神保健福祉の領域は、精神障害者に対する偏見や、所属する機関や施設のパターナリズム（paternalism、父性的温情主義）などもあって、クライエントの地域生活の機会と場が制約されやすいなかでのかかわりであり、ジレンマに陥ったり、ワーカーとしてのアイデンティティが問われることが多いため、スーパービジョンの果たす役割がとても重要なのです。

養成教育も資格もなかった草創期は、不向きと思った人や意欲をなくした人は現場を去り、少数のワーカーが切磋琢磨して生き残ってきたわけですが、現在は、国家資格が誕生して養成教育も行われるようになり、資格があるということで多くの精神保健福祉士が現場に採用され

＊社団法人日本精神保健福祉士協会第4回認定スーパーバイザー養成研修　2008年7月26日-28日

るようになりました。若い優秀な人も出てきましたが、資格そのものはソーシャルワーカーとしてのアイデンティティや力量を保証してくれるわけではありませんから、資格を取って安心すると途端に勉強しなくなって、クライエントから「資格があるから偉いわけではない」と専門性を問われる精神保健福祉士も、残念ながら出てくるわけです。

そのため協会としても、スーパービジョンのシステムを整えていくことが差し迫った重要な課題となって、この研修が始まったわけです。

スーパービジョンの課題

研修を開催するにあたって、皆さんから現場でスーパービジョンを行うときの課題を伺ったところ、大きくは「スーパービジョンのシステムづくり」と「実際の進め方」の二つの課題があることがわかりました。システムづくりでは、職場内でスーパービジョンの必要性を管理者に理解してもらうことや、スーパービジョンを行う職場環境をどのようにつくりあげたらよいかということで悩んでいる。職場内では、どうしてもスーパーバイザー（以下、ＳＶＲ）とスーパーバイジー（以下、ＳＶＥ）が人事評価を伴う上司と部下の関係と重なってしまうので、スーパービジョン関係を維持するのが難しい。職場外でやるほうが有効ではないか、などといった意見です。

実際の進め方については、職場で指導的な役割を担っているワーカーから、精神科医師や先輩によって育てられたという経験はあっても、正式にスーパービジョンを受ける機会がなかった。だから、スーパービジョンの必要性は感じているが、実際、何を、どのようにしたらよいかわからない。あるいは、現在、我流でやっているが、本当にこれでよいのかと迷っているという意見が多かったのです。さらに、スーパービジョンとＯＪＴ（on the job training、職場内訓練）との違いとか、職場外でグループスーパービジョンを行うときの具体的進め方や、他職種に対しソーシャルワーカーとしてコンサルテーションを行う際にどんなことに気をつけなければならないかなどの質問もいただきました。

2 スーパービジョンの目的と機能

参考図書として巻末にあげましたが、ようやく、わが国のソーシャルワーカーの現状を踏まえた、スーパービジョンに関する研究論文や手引書が手に入るようになりました。それでも、いざスーパービジョンを行おうとすると、書物を読むだけではどうしてよいかわからないことが多いと思います。そのために実践編があるわけですが、とりあえず皆さんの抱えている課題を念頭におきながら、はじめにスーパービジョンの目的と意義を確認しておくことにします。

スーパービジョンの目的

かかわりを通してかかわりを学ぶ

最近は、特定のアプローチを学んだり、技術を身につけたりするために他職種によるスーパービジョンを受ける機会が増えてきましたが、この研修で学ぶスーパービジョンは、同一専門職の間で行われる、職業的アイデンティティを確立し、専門職として成長することに焦点を当てたスーパービジョンです。したがってここでは、ＳＶＲもＳＶＥもソーシャルワーカーで、熟練したワーカーでスーパーバイズの経験を積んだＳＶＲとワーカーとして経験の浅いＳＶＥとのスーパービジョン関係というかかわりを通して、ＳＶＥがソーシャルワーカーとしてのアイデンティティを確立し、専門的力量を高め、クライエントと適切なかかわりができるように支援するプロセスとして定義しておきたいと思います。

一言でいえば〝かかわりを通してかかわりを学ぶ〟のがスーパービジョンなのです。

このかかわりは、福山和女が、スーパービジョンを受けたワーカーが得たものをよくみれば、少なくとも六層の実体があると述べていることと重なるように思います。すなわち、ＳＶＲから応援してもらえたという心理的な温かみを感じ、ＳＶＲから得た情報や知識が自分には不足していたと気づいて、次のステップのかかわりへの力を得る。そして、クライエントの難しい問題と取り組むうえで、自分が抱えている不安を直視できるようになる。さらに、クライエントと共に歩み、地域社会のよきパートナーとして取り組む役割を自覚するとともに、クライエントの力を信じて、ソーシャルワーカーとして支援に取り組むスピリチュアリティをもつというかかわりなのです。

価値に裏打ちされたかかわりが成長を促す

ところで、スーパービジョンによって所属機関や施設における日常業務がこなせるようになるとか、面接の技術を身につけることなど、SVEが当面する課題に対応することは、特に初心者の場合は大事なことですが、SVRがそれだけに気を取られると、ソーシャルワーカーとしての成長に目を向けることがおろそかになってしまいます。

SVEが社会福祉を学び、精神保健福祉士の資格を取得した個人的な動機と、ソーシャルワークの一世紀余りの歴史の中で培われてきた価値がスーパービジョンによってつながり、SVEの成長のための根となることがとても大切なのです。

ソーシャルワークの発生の動機として、困難を経験し、苦しむ人に対する思いやりとしてのコンパッション（compassion）と、個々人の人としての権利や利益を守るプロテクション（protection）が原動力となったといわれていますが、政策としての社会福祉は、クライエントの生活を支援するだけでなく、社会をまとめたり方向づけるために、クライエントを管理し、コントロールする機能を併せもつことになります。

ソーシャルワークのスーパービジョンがこのことに留意しなければ、単なる専門知識の教示や技術訓練になって、いつの間にかそれがクライエントを操作したり管理したりする技術になってしまいかねないのです。

スーパービジョンの機能

さて、スーパービジョンの機能として管理的機能、教育的機能、支持的機能という三つの機能がよく知られていますが、私はスーパービジョンの目的と機能の関係を、ソーシャルワーカーの成長のプロセスをイメージしながら理解することが必要ではないかと考えています。それは、これらの機能のウエイトがＳＶＥの成長に伴って異なってくるからです。

ＳＶＥの成長のプロセス

①ルイスの専門職レベルの三区分

たとえばルイス（Lewis, H.）は、全米ソーシャルワーカー協会のシンポジウムで専門職のレベルを三つに分けて技術とのかかわりをみています。第一は、テクニシャンといわれる準専門職のレベルで、その技術は、ソーシャルワークの価値や知識を指示として受け取り、機関や施設の方針や業務基準をそのままよりどころにして技術を活用する規則的な実践です。第二は、マスターといわれる専門職のレベルです。このレベルでは価値や知識に基づく判断ができ、機関や施設の方針や業務基準にとどまらず、ソーシャルワーカーの専門性に則って多彩な方法を使いこなす原則的な実践ができるようになります。第三は、エキスパートの域に達する上級専門職のレベルです。技術は、機関や施設の方針や業務基準、専門性にその人らしいやり方も加わって、倫理の葛藤や理論の更新にかかわる検討も組み込む計画的な実践ができるようになる、というものです。

②ドレイファスの熟達のステージモデル

また、ソーシャルワークの領域ではありませんが、ドレイファス（Dreyfus, H. L. and Dreyfus, S. E.）の熟達のステージモデルというのがあります。初心者は、どう行動すべきかを判断するための規則を覚えます。その規則の特徴は、文脈の把握が不要なマニュアル化された規則で、取り組む課題の全体について理解しなくても容易に適用できるものです。中級者は、獲得した技術をより広い文脈でとらえられるようになって、状況のなかで意味をもつような事態にも対応できるようになります。上級者は、状況を整理して計画を立て、その計画に照らし合わせて今何をすべきかを的確に判断し、実行することができます。プロは、直面した課題を過去の類似の経験に照合して見出し、直感的に判断するようになります。エキスパートは、経験に裏打ちされた理解力に基づいて、判断し、全体を見据え、変化する状況に対応することができるようになるというものです。

③対馬節子のスーパービジョンの八ステップ

スーパービジョンに関しては、対馬節子が自らのSVEとしての体験を通して、スーパービジョンを螺旋階段のようなプロセスとしてとらえ、そのレベルを八つのステップに分けています。その内容を紹介しますと、第一のステップのSVEは初心者で、面接技術や基本的な業務を学びたいと思っています。SVRは、管理的スーパービジョンの機能を発揮するとともに、SVEの学びたい気持ちを受け入れ、安心感がもてるように心がけます。第二のステップでは、SVEはクライエントの支援計画の立て方などを学びたいと思っています。SVRは、主に教育的機能を発揮して、クライエントの生活全体の理解や支援の組み立て方を指導します。第三のステップでは、SVEは自分の実践を理解し支持してもらいたいと望むようになります。SVRは支持的機能を発揮して、SVEの話を受け止めることで自信に変えていくようにします。そして、ここまでのステップについては、スーパービジョンが定期的に行われることが望ましいと述べています。第四ステップからは中堅のSVEで、自分の実践を別の視点や考え方から点検してほしいと思い始めます。SVRは支持的機能を発揮しながら自分の見方や考え方を示して、SVEの実践を論証できるように支援していきます。第五ステップのSVEは、自分の仕事の業績を認めてほしいと思うようになります。SVRは管理的機能を発揮して、SVEの専門的力量を評価し、自立できるように働きかけます。第六ステップになるとSVEは、自分の実践を自ら評価したいと考えるようになります。SVRは主に管理的機能を発揮して、SV

Eの評価したいという挑戦の気持ちに応えて自立させることになります。第七ステップはベテランのSVEで、自分の実践を理論化したい、自分らしい実践に挑戦したいと願うようになります。SVRは主に支持的機能を発揮します。第八ステップでは、SVEは専門性を発展させるためにSVRと協働したいと思うようになります。SVRは支持的機能を発揮するとともに、SVEとパートナーとしてのかかわりをもつ、と対馬は述べています。

私はこれらの研究を下敷きにして、SVEの人権感覚や社会認識がどのように身についていくのかをSVEから学び、自分なりにソーシャルワーカーの成長を描きながらスーパービジョンを試みているわけです。

教育的機能

ここで改めて教育的機能、管理的機能、支持的機能の三つの機能について簡単にまとめておきましょう。

まず、教育的機能ですが、教えること、共に学ぶことは、スーパービジョンの中心的な機能です。SVEが一人前のワーカーとして成長できるように、業務を進めていくうえで不足している専門知識や技術、また、学んできた人間尊重、人間の社会性、変化の可能性などの価値前提、受容やクライエント自己決定などの価値原則、また、アセスメントにおける人と状況の全体性の視点などを、SVEが実際に担当しているケースのかかわりを通して意識化し、確認します。初心者の場合は、共感と思い入れ、受容と許容の違いなども、具体的なかかわりのなかで確認することが必要になるでしょう。専門知識や技術が不足していれば教え、課題を示して自ら学ぶように方向づけをします。もちろん一方的に専門知識を詰め込んだり、技術訓練をしたりすることではありません。

管理的機能

次に管理的機能ですが、ここではまずSVEの所属する機関や施設の理念と目的・方針に沿い、クライエントのニーズに適切に対応できるかかわりができることを確認することです。SVRは、SVEの力量に応じてケースの割り振りや、組織が全体としてよく機能できるように他のスタッフと協働できているかなどを確認します。

スーパービジョンにおける管理的機能は、あくまでもスーパービジョン関係を通して行われるわけで、SVRは経営効率や管理運営の指導とは次元が違うことを意識する必要があります。多くのSVRは、管理者とSVEとの中間的立場にありますから、管理者にスーパービジョンを業務の一環として位置づけてもらうなど、ワーカーの専門性が発揮できる環境づくりを提言することも重要な役割です。

ところで、皆さんが職場外でスーパービジョンを行う場合は、SVEとクライエントのかかわりに焦点を当てたケース検討に内容を限定することが望ましいと思います。SVEの所属する機関や施設のあり方やスタッフの問題点についてＳＶＲが言及することは、ＳＶＥの不満を拡大してしまうことになりかねないからです。

支持的機能

支持的機能は、ＳＶＥがクライエントを支援する過程において生じる「かかわれなさ」や「巻き込まれ」、あるいは所属する機関や施設の方針などとのはざまで生じるジレンマを、ＳＶＲは共感的に受容し、ＳＶＥの自己開示、自己表現を助けるとともに、ＳＶＥのできるところ、強みを評価し、成長の方向を支え続けることです。

支持的機能は、ＳＶＲがＳＶＥに対してカウンセリングやセラピーをすることではありません。クライエントのかかわりや業務にマイナスの影響を与える個人的な問題は、それをＳＶＥが気づき、自ら専門家の門をたたくように配慮したほうがよいでしょう

ソーシャルワークの歴史をみると、スーパービジョンは管理的機能から、養成教育の一環としての教育的機能へ、そして、管理的機能への揺り戻しがあって支持的機能が着目されるようになるなど、力点の置き方も変化していますが、いずれにしても三つの機能が互いに重なり合い、揃っていなければ効果的なスーパービジョンにはならないことはいうまでもありません。

3 スーパービジョンの方法とプロセス

スーパービジョンの方法は、個人とグループに大きく分けることができます。

個人スーパービジョンは、SVRとSVEが一対一で定期的に、またはSVEの必要に応じて面談を行う最も基本的な方法です。SVEの担当ケースを取り上げて行われることが多いのですが、パラレルプロセス（parallel process、並行関係）といわれるように、SVRとのかかわりのなかにSVEのクライエントとのかかわりが無意識に再現されやすいといわれています。SVEにとって、SVRに話を聴いてもらえた、受け入れてもらえたという経験は、クライエントとのかかわりのモデルにもなるわけです。

グループスーパービジョンは、一人のSVRに対して複数のSVEが集まり、月一、二回、二時間程度行う方法です。輪番で報告者を決め、担当ケースについて話し合うことが多いのですが、SVRがグループのもっている力（group dynamics）を活用することで、SVE同士の相互作用による新たな気づきの共有や「困っているのは自分だけではない」というわれわれ意識が生まれ、スーパービジョンの効果を高めることができます。

SVRがなかなか得られないところでは、このようなかたちで行っているところが多いようですが、実施する場合はSVEが所属する機関や施設の了解を得て実施することが望ましいでしょう。

次に、スーパービジョンのプロセスを、基本となる個人スーパービジョンを取り上げて説明したいと思います。

スーパービジョンの開始期

準備の段階では、ＳＶＥのスーパービジョンに対する不安や恐れ、アンビバレント（ambivalent、両価的）な葛藤状態などに波長合わせ（tuning-in）を行います。ＳＶＲが気をつけなければならないのは、部下がＳＶＥの場合は、わかっているつもりになって課題を決めつけてしまうことです。自分の理解の仕方が妥当かどうかをＳＶＥと十分確認することが大切です。

ＳＶＥに自らの課題を具体的に話してもらい、どのようなかかわりになるのか、事前に思い巡らし今後の展開を予測することが大切です。併せて、ＳＶＲ自身も普段、職場でＳＶＥやスタッフにどのように見られているかを振り返ったり、組織の心理力動に敏感になることが必要です。

契約の段階では、ＳＶＥのスーパービジョンに対する抵抗をやわらげるために、スーパービジョンの目的や、いつ、どこで、どのようなかたちで、どのくらいの頻度で、また料金なども含めた実施形態とＳＶＲの役割などについて丁寧に説明するとともに、改めてＳＶＥがスーパービジョンに何を期待し、何を得たいと思っているのかを確認します。特に初心者のＳＶＥ

は自分に自信がなく、SVRとの関係にも不安をもっていることが多いため、スーパービジョンの時間や場所が一定し、構造化されていることのもつ意味はとても大きいのです。その時々、お互いの都合で、喫茶店で会うようなやり方は、スーパービジョンとはいえません。

SVRは、SVEの成長を見立てるとともに、SVEのスーパービジョンを受ける意思を確認することが重要です。また、上司と部下の関係をスーパービジョン関係に切り替えるためには、お互いの合意確認に加えて、職場内でスーパービジョンの位置づけやSVRの役割が明確になっていることが大切です。

福山は、スーパービジョンを専門職の業務全般の遂行をバックアップするための職場の確認作業と規定し、「今、確認しておいたほうがよいのはどれか」を基準に確認内容を選定しています。すなわち、SVEの提示した担当ケースのアセスメントや支援計画の確認、SVEとクライエントとのかかわりに焦点を当てた確認、SVEのワーカーとしてのアイデンティティなどの課題についての確認、SVEと同僚の関係など職場の組織的課題の確認、SVRとSVEのかかわりについての確認の五つです。

初心者のスーパービジョンを行う場合は、このような枠組みを念頭において、SVEの話をじっくり聴き、課題を設定するとよいと思います。

スーパービジョンの始め方

ＳＶＲがＳＶＥの課題を確認するとき、職場の中で普段から気づいているＳＶＥの業務やかかわりの問題点から入ると、ＳＶＥの振り返る力が弱くなってしまい、一方的な指導と表面的な反省で終わってしまいかねません。ＳＶＲは岡目八目で、絶対的に優位な立場にあることを自覚していることがとても大切です。どんなワーカーになりたいのかとか、ＳＶＥが自分の得意な業務やクライエントとのかかわりで気づかされたり、力をもらったりしたことなどから話してもらうのがよいようです。ＳＶＥはなかなか自分のよいところには気づきにくいものです。

スーパービジョンは、ＳＶＥが担当しているケースを取り上げて検討していくことが多いのですが、取り上げる場合は、原則としてクライエントの了解を得ることや記録の提示の仕方などをあらかじめ説明しておくことが必要です。併せて、初心者には記録の書き方も一緒に点検するとよいでしょう。

遂行の段階では、ＳＶＥから話が切り出されれば、まずそれを聞きますが、はじめに簡単に前回のセッションの振り返りをします。

ＳＶＥのスーパービジョンに対する抵抗はあって当然です。そのため、ＳＶＥが次々と新しい課題をＳＶＲに出して、「教えてください」と質問するということになりやすい。しかしそのペースにのって教えても、「はい、わかりました」というわりには身につきません。

ＳＶＲは、教え、指導するということで味わう万能感の誘惑と戦いながら、ＳＶＥが主体的にスーパービジョンに参加できるように忍耐強く話を聴くことが大切です。また、ＳＶＲは、ＳＶＥとクライエント、ＳＶＥとＳＶＲのパラレルプロセスについて意識化しながらケースを検討していくことが必要でしょう。

スーパービジョンの過程

繰り返しになりますが、提出されたケースの検討は、一方的に解釈したり、「よい」「わるい」という枠組みで説教したりするとＳＶＥは防衛的になります。ＳＶＥの不全感を共有しつつ、かかわりのよい点、可能性を共に確認することが大切です。ＳＶＲは、ＳＶＥがクライエントの言動をクライエントの枠組みからとらえられるように、クライエントがどうして、どういう気持ちでそんなことをいったのか、ＳＶＥに質問を投げかけて一緒に振り返ります。

ＳＶＥの具体的なかかわりを取り上げて一緒に考えることが大切で、管理者や精神科医師の代弁者にならないためにも、ＳＶＲが気づいたことや、また気になったことなどをアイメッセージ（I-message）、つまり「私は～」と素直に伝えることがよいでしょう。

また、人権を守りなさいとか、バイステックの原則を守りなさいなどといった抽象的な理屈や一般論で説明しないように心がけたいものです。

振り返りと評価

私もそうでしたが、「自ら育てられたように育てる」といわれるように、スーパービジョンを受けないまま、独力で頑張ってきたSVRは、どうしてもSVEに自分の経験と勘を押しつけて、性急に一人前にしようと焦ることが多いものです。スーパービジョンの主役はSVEですから、一緒になって課題を設定しながら、SVEのテンポで、SVRも自らの経験、特に初心者のときの失敗の経験を振り返り、自己開示しながら進めることがとても大切です。

それから、経験の浅いSVEは精神医学的知識が不足している負い目から、医療に過剰に同一化して、クライエントの健康な力が見えなくなり、病理的な側面に目が向いてしまいがちです。SVRがスーパービジョンのなかでそれを強化するような精神医学的知識の教え方にならないようにしなければなりません。

中期の段階では、SVEが徐々に自信をもち、ワーカーとして独り立ちできるようになりますが、同時に、自分に対しても職場のあり方などに対してももどかしさを感じ、SVRとの間にも葛藤が起こりやすい段階です。武道の修行では「守破離《しゅはり》」といって、守は師について教えられたことを守り、破は身につけたことを自らの特性に合うようにし、離は独自の境地というように修行の順序があるといわれていますが、この段階は先輩やSVRの真似ではなく、自分なりの考え方で判断したり計画を立てたりする破の段階で、対馬も述べているように必ずしも定期的な面談は必要ありません。ＳＶＲはソーシャルワーカーとしてのアイデンティティを共有化しながら、アプローチの違いやＳＶＥの持ち味を尊重し支えるようにします。

評価と終結の段階では、お互いにスーパービジョンのプロセスを振り返るとともに、ＳＶＥはＳＶＲの役割を担えるように、自らのワーカーとしての成長や今後の課題について検討し、終結を迎えます。評価は最終段階だけでなく、節目、節目でお互いに評価し合う機会を設けることが必要です。

評価のポイントは、設定した課題が達成されたかどうかを中心に振り返ります。業務の優先順位がつけられるかどうか、得意な業務と苦手な業務、現時点における業務の遂行状況、クライエントとのかかわりの癖、得意なクライエントと苦手なクライエント、スーパービジョンを受けるときの構え、スーパービジョンが利用できて、役に立っているかなどを評価することになります。

4　スーパーバイザーになるということ

完全無欠なＳＶＲはいません。また、ベテランがよいＳＶＲになれるとは限りません。ベテランになっても経験が独断になってしまわないように、定期的でなくてもスーパービジョンを受けることは必要でしょう。

最後に、断片的ですが、私なりにこれまでのスーパービジョンのかかわりを振り返って、自分に言い聞かせていることを思いつくままお話ししてまとめにしたいと思います。

ＳＶＥは、ＳＶＲから、駄目なワーカーとしてみられはしないかと恐れています。また、ＳＶＲを理想化して依存したり、逆に落胆したり反発したりすることがあります。ＳＶＥとのかかわりで、ＳＶＲがすべてをよく知っているという幻想をＳＶＥに与えないことが大切だと自戒しています。ＳＶＥにＳＶＲとして受け入れてもらっているからスーパービジョンができるわけですし、ＳＶＥがＳＶＲを育ててくれる側面もあるのです。その意味で、ワーカーとクライエントのかかわりが協働であるならば、スーパービジョンのかかわりも協働です。

初心者の頃、わからないことはクライエントに聞けと先輩からいわれました。スーパービジョンも行き詰まったらＳＶＥに聞くのがよいと思います。私の印象では、成長し続けるソーシャルワーカーは、クライエントとのかかわりから成長のエネルギーを得ており、クライエント中心（志向）の価値観を共通してもっているように感じています。

ＳＶＲなどをやり始めると、人を育てるのは難しい、自分を育てるのはもっと難しいと実感します。ＳＶＥの話をじっくり聴くとともに、そのときの自分自身の気持ちとも対話しながら、自らのワーカーとしての失敗体験や節目を振り返り、「初心忘るべからず」の気持をもちながらかかわるようにしています。特に、スーパービジョンを始めた頃はＳＶＥに何か与えなければならないと思うあまり多弁になりやすいので気をつけなければなりません。

また、経験上、ＳＶＥの課題に対して「～の場合、こうしたら」という指導や助言は、管理的なこと以外はあまり役に立たないと思います。かかわりについては、ＳＶＥの構えがクライエントの声を聴こうとして、クライエントとのかかわりにウエイトがのっているときにＳＶＲの言葉を感じることができるようです。

さらに、ＳＶＲが指導や助言で一本とって気持ちよくならないで、ＳＶＥの逃げ道を残しておくことも大切でしょう。

私は、ソーシャルワークの専門性は違いを強調し、切り分ける専門性はなじまない、クライエントや地域社会に開かれ、協働を通して当たり前の生活のイメージを絶えず取り入れながら身につけていく、開かれた専門性ではないかと考えています。

精神保健福祉の領域で、チームの一員として違いを強調し、切り分ける専門性の確立を目指すと、クライエントとのかかわりだけでなく、ＳＶＥとのかかわりも知らず知らずのうちに権力関係に転化して、ソーシャルワーカーとしての生命を縮めてしまうことを危惧します。

ＳＶＲもＳＶＥもソーシャルワーカーとして成長し続けるために、スーパービジョンのつかの間のひと時を大事にしたいものです。

（社団法人日本精神保健福祉士協会第四回認定スーパーバイザー養成研修・基礎編　講義に基づく）

III

解題に代えて

荒田　寛

本稿は、本書の「協働」というテーマに触発されて全く新たに書き下ろしたものである。

Ⅲ　解題に代えて

荒田　寛

ここに「解題に代えて」と題して私論を述べる機会を与えられたことの責任の大きさが身にしみるとともに、安易に引き受けてしまったことへの後悔の念がないではない。

佐々木先生の第四十四回および、柏木先生の第四十五回社団法人日本精神保健福祉士協会全国大会における基調講演は、わが国の精神保健福祉士に対する警告と、これからあるべき精神保健福祉士の方向性を示唆するものである。そして、お二人の対談からは、現在の社会福祉の状況認識のあり方と、精神科ソーシャルワーカーの歴史からソーシャルワーカーとしての専門性の探求の姿勢を堅持することの大切さを学ぶことができる。

特にそこに共通しているのは、わが国の精神科ソーシャルワーカー（以下、ＰＳＷ）の活動の歴史の中から、これからも引き続き学んでおくべき課題を整理するとともに、精神保健福祉士という名称に変わっても今後とも永続的に堅持していかなければならないソーシャルワーカーとしての姿勢と、「歴史に学ぶこと」を強調されていることである。そして、ソーシャルワーカーのかかわりの大切さと、かつて一九六〇年代にアメリカのパールマン（Perlman, H. H.）が、社会的な視点を失ってしまった自国のソーシャルワーカーに向かって啓示したときと同じように、「ソーシャルワークに帰れ」と警告されたことである。筆者は、お二人が指摘されていることを踏まえて、自分なりに考えているソーシャルワーカーとしての姿勢を併せ考察してみたいと思う。

現在の筆者は、ソーシャルワーカーとその支援を受ける人との「かかわり」を大切にしていくことを意識し、ソーシャルワーカーとしての専門性の追求と、精神障害者の置かれている現実を直視して「本人の主体性の尊重」を大切にすることが、半端な教育者としての原点であると自覚している。わが国の社会福祉の現場から発想する教育と研究を続けていくという姿勢を堅持したい。このことがこの拙文の執筆に対する動機になっている。

1　日本精神保健福祉士協会と私

ＰＳＷになるきっかけ

一九七〇年代の前半に精神科病院の中をくまなく見せていただく機会があった。短い人生を振り返るに、精神科医療の一端に触れたことによって「どうしようもない怒りと恐怖」を経験した人に出会ったことが、長い間ＰＳＷであり続け、精神障害者福祉の確立を考えることにつながった。その当時、福祉事務所の生活保護の担当員として、近隣の病院のＰＳＷの人たちと勉強会を立ち上げたばかりのときであった。「この場所は人が心の病を治療するにふさわしいところではない」「人としての尊厳が守られていない」という精神科医療の現実に強烈な衝撃を受けた。それに加えて、多くの知的障害の方々や認知症（当時は老人性痴呆）高齢者が入院されていることに気づき、まさに精神科病院は差別の集積した場所であると感じた。一方で、一九七六（昭和五一）年に「やどかりの里」を見学し、自らの主体的な力と仲間の支え合いによって地域で生活する当事者に出会う機会をもつことができた。その二つの体験が、この人たちにかかわっていこうと決心する動機となった。

それから今日までＰＳＷとして活動を続けることができたのは、心の病に罹患したことの喪失感に加え、その病ゆえに一方的に自らの自由を奪われることに対する怒りと恐怖に戦《おのの》いていた多くの人たちから、生きることの意味と人の優しさを学んだからである。孤立することに臆病なくせに、他者から命令されることや他者と同じように生きることを嫌ってきた。その感覚がＰＳＷとして働いているときに、「相手の生活や想いに過度に侵入しない」ことを心がけるうえで役に立ったように思う。

大学卒業の頃、日本精神保健福祉士協会の前身である日本精神医学ソーシャル・ワーカー協会では「Ｙ問題」議論の最中であり、その後専門性の追求と資格化の問題が並行して議論され、筆者は専門性の追求がなされることを前提にしないと資格問題は語れないという立場であった。今考えるに、公務員という保障された身分にあったから主張できたことかもしれないとも思う。しかし、精神障害者の置かれた状況の改革とPSWの専門性の明確化を先決事項としない国家資格待望論は危険であると考えていた。

その頃、国立精神衛生研究所（現、国立精神・神経医療研究センター精神保健研究所）の社会福祉課程研修に参加し、圧倒的ともいえる隔離収容型精神科医療の状況にあって、「Y問題」を通して「本人不在」にならない支援、「権利擁護」の役割を果たすPSWのあり方を考えることを教えられた。そして、その研修で学んだ「自己決定の尊重」という視点はカルチャーショックに近いかたちで自身の生き方にも大きく影響を与えられ、程なくPSW協会の会員となった。

国家資格化への関与

その後、民間精神科病院のPSWとして働くと同時に協会の常任理事となり、「社会福祉士及び介護福祉士法」の成立後十年間は、精神保健福祉士の国家資格化運動の只中に立っていた。当時の協会執行部には民間病院出身者は筆者一人だったので、民間病院のPSWの代表だという気分でもあった。常に活動の原点にあったのは、PSWの存在意義は「精神障害者の社会的復権と福祉のための専門的・社会的活動」を追求するという「札幌宣言」であった。紆余曲折もあったが、そのことを常に意識して資格化に取り組んできた。

十年の歳月をかけて成立した「精神保健福祉士法」は専門性の確立という点で妥協せざるをえない部分もあったことは否めないが、その時点ではそれ以上は望めない獲得目標を達成できたと考えていた。資格化運動の渦中にあっても、PSWの専門性の確認と、役割と課題の明確化を忘れずに同時並行的に追求できたことが、自身の協会活動であり、自身のPSWとしての存在を支えてくれることにつながった。国の研究所に所属するようになっても、時代によって都合よく変貌する国の姿勢に振り回されることが多くあり、それに抗う感覚と社会状況を見る目を養ってくれたのは、協会の歴史的な遺産を蓄積してきた先輩方の功績によってであると思う。

その後、PSWが精神保健福祉士として国家資格化されて十数年が経過し、多くの精神保健福祉士が誕生したものの、社会的要請に応えられる精神保健福祉士はどのくらい増えたのであろうか。一方で、精神科医療や地域生活支援の現場において、多くのPSWが地道に日常のソーシャルワーク実践の展開に苦闘している。それはソーシャルワーカーとしての専門性を追求し堅持していくことと、現実の医療や福祉の状況との間に生じるジレンマとの闘いでもある。

今、医療と福祉に関する国家予算は削減され、それは精神科医療費だけでなく、精神障害者の地域生活支援整備にはほとんど割かれていない現状にある。わが国の精神科病床数は何年にもわたって減少しないばかりか、精神疾患に罹患した患者が入院する場から認知症高齢者が多く入院する場所に変貌しつつある。そして、行政主導による精神障害者の医療・福祉政策は市場原理の思想によって推進され、障害当事者の生活者としてのニーズをソーシャルワーカーとのかかわりのなかで実現していく「ソーシャルワーク」実践が軽視されている。

2 ソーシャルワーカーとしての責任

責任と当為

責任の概念を明確にすることは今の筆者には重荷であるが、精神保健福祉士の責任とは、「札幌宣言」にある「精神障害者の社会的復権と福祉のための専門的・社会的活動」を全うするということである。人間としての権利が剥奪されている精神障害者の人権の尊重とその擁護を実践することであり、当事者を「生活者」として規定し、社会の中でその人らしく暮らし自己実現ができるように生活支援を行うことである。このことが、精神保健福祉士の実践の核にある概念として重要である。

本来であれば、ソーシャルワーカーの「責任」という言葉ではなく、「当為」と表現するほうが倫理的な意味を表現するうえでは適切なのではないかと思う。それは、ソーシャルワーカーとして精神保健福祉士が為さねばならないことを表現するからである。『広辞苑』によると「当為」とは、哲学的な言葉として「『あること』(存在)および『あらざるをえないこと』(自然必然性)に対して、人間の理想として『まさに為(な)すべきこと』『まさにあるべきこと』を意味するもの（後略）[19]」と説明されている。ソーシャルワーカーの当為は、まさにソーシャルワーカーの倫理的な概念とされるもので、ソーシャルワーカーとして「為さねばならないこと」である。

精神保健福祉士としての責任

精神保健福祉士のソーシャルワーカーとしての役割は、精神障害者や認知症高齢者などの弱者と呼ばれる人たちが置かれている現実から、冷静に社会状況を見つめ、その生活問題の根拠を分析・評価し、これからの政策課題と支援の課題を提起していくことである。このことが佐々木先生のいう、精神障害者の置かれている社会的状況を認識し、組織原理や所属機関の求める「さまざまな〝枠〟を超える」（講演原題）ことである。当事者の置かれている現実からすべてが始まるのである。

そして、当事者と協働しつつ、当事者の視点で政策批判や新しい政策の誘導、社会資源の拡大と獲得を行い、共に協働して暮らしやすい「地域」を創っていくことが、柏木先生が「新しいコミュニティの創造をめざして」（講演原題）で話された社会的責務（当為）であると思う。このことは、精神保健福祉士が社会的視点をもって、批判すること（座って分析するだけでは何の意味もないが）と状況を変革するために活動することである。

われわれは、国の政策的動向の既成事実に適応して、プラグマティズムの立場から主張することや組織・機関の目的や方向性に過剰に順応する前に、目の前の当事者が置かれている現実からソーシャルワークの実践や活動を始める必要がある。社会福祉の現場から発想すること、社会的な視点を堅持し、状況を改革していくことが「ソーシャルワーカーとして」求められる責任である。

アカウンタビリティとレスポンシビリティ

今日、「アカウンタビリティ（accountability）」という社会福祉改革のキーワードが、国や地方自治体の行政機関の公的な責任として、主として説明責任と訳されて登場しているが、その概念は説明責任にとどまらずもっと広く考えられるべきものである。アカウンタビリティは、専門職にとっても、利用者中心主義の視点と支援内容の評価という点で重要なキーワードになっている。そして、一方で「レスポンシビリティ（responsibility）」は応答責任と訳され、アカウンタビリティと同等に扱われている。

岡田忠克は、国家・行政機関のアカウンタビリティの概念を、①国家保障責任、②政治責任、とそれらの下位概念として③行政活動責任、④財務会計責任、⑤説明責任、⑥応答責任があると整理し、厚生労働省や地方自治体の行政的な責任を明確化することを試みている。そして、法律に基づくか基づかないかにかかわらず、国民からの要求・批判・苦情に対応する政府の積極的な姿勢が求められていると指摘している。[20]

昨今、政策責任をもつべき立場にある人が「行政依存の福祉志向をやめよう」「公助・共助・自助の役割を果たすことが大切である」と発言している。その論拠は、障害者や認知症高齢者が自らの生活問題に取り組み、そして当事者同士の支え合いや地域住民が相互に支え合う仕組みをつくり、それでも足りないところを行政的なサービスによって補うという主張で、福祉予算を削減する経済的な姿勢が透けて見える。国の政策誘導により、自助・互助と共助が強調されているが、公助の政策的基盤のないところに共助・自助がありうるのか疑問である。言い換えれば、国の責任を地方自治体へ責任転嫁し、一般市民の協力とボランティアの協力を政策的に大きく期待しようとする無責任さがある。障害者自立支援法では、「自助」と称して障害者自身の就労から自立へという路線を敷いているにすぎないと感じる。本来の自助と共助は、当事者自身と地域住民とボランティアの自主的主体的な相互支援の活動から生まれるもので、安心して暮らせる地域（街）を創造する主体的な当事者と市民の連携のなかにある。そこにおける専門職としてのソーシャルワーカーが、当事者との連携や市民との活動を創造していく際の専門性と役割のあり方が問われる。

精神保健福祉士のアカウンタビリティ

ここでは、精神保健福祉士の専門職としてのアカウンタビリティについて考えてみたい。精神保健福祉士の専門職としてのアカウンタビリティは、ソーシャルワークの専門職としての責任が中心で、その内容は、ソーシャルワーカーとしての倫理や価値に基づき、精神障害者や家族に対して「生活支援」と「自己実現」のためにソーシャルワーク実践を行うという責任を表明することであり、まさに「札幌宣言」の具現化である。そして国民に対してそのメンタルヘルスの課題に応えていくという姿勢を示す専門職としての責任である。

二つ目のアカウンタビリティは、ソーシャルワーカーとして、当事者（利用者）に対する支援者としての支援の実施責任である。どのような支援を提供できるのかをわかりやすく説明し、利用者との間で支援契約を交わし、合意されたサービスを提供する責任が生じる。アセスメントは共に行うものであり、クライエントとして対象化して病理や表面的な行動や現象に目を奪われる「医学モデル」に準拠するのではなく、その人の人生の経験や本来のその人らしさ、もっている力、周囲との人間関係、創造力、生きる力、意欲など、その人全体を関心の対象にしていかなければならない。そして支援計画を立てる際には、個人の状態だけを対象にするのではなく、一人ひとりの暮らし方、家族関係、地域の人びととのつながりなど、地域社会全体を包含しながら考えていく「人と状況の全体性」の視点で考案する必要がある。そして評価の段階では、共に支援の内容が利用者の生活ニーズに合ったものか、支援結果が当事者の視点から満足のいくものであったか、そのサービスが適切に提供されていたのかどうかを明示することが求められる。

さらに、ソーシャルワーク実践を展開するにあたって、その知識と技術を向上させるための研修参加と自己学習を行う責任があり、日本精神保健福祉士協会が課題として指定している認定研修・課題別研修に参加することもソーシャルワーカーとしての責任である。

三つ目のアカウンタビリティは所属する機関・施設に対する責任である。所属している機関・施設の目的・役割や規則に対する責任であり、所属長に対する責任でもある。この組織的な責任は、先に述べた専門職としての責任と必ずしも一致しない。ソーシャルワーカーは利用者の生活問題の解決と自己実現のために存在するが、所属する組織の目的や役割は同じではない。そのために組織の目的や規則との中間に位置することになり、ジレンマが生じる。中間的な位置にいることは苦労を伴うが、利用者の生活ニーズを解決するために組織の点検や規則などの改善をしていく視点をもつことと、他の専門職といかにしてチームを組んでいくのかということが重要になってくる。精神保健福祉士がソーシャルワーカーとしてどのような目的をもっているのか、どのような業務を行い、「生活者中心」概念の視点で生活支援を行っていく専門職であることを事前に理解してもらい、それが共通認識になっていることが必要である。もちろん、精神保健福祉士が他職種の業務について理解しておくべきことはいうまでもない。

四つ目のアカウンタビリティは、説明責任と応答責任である。精神保健福祉士が提供する支援の内容だけでなく、所属する機関・施設の提供するサービスの質と内容、そして、障害者自立支援法などの国の規定しているサービスの内容も含めて説明責任がある。権利擁護に関する情報も権利主張できるための情報も、当事者や家族にとってはマイナスになる情報も含めて丁寧に説明しなければならない。また、支援結果や評価に関する情報についても説明責任がある。

PSWの支援者としての応答責任

さらに、レスポンシビリティの概念としてある応答責任が、社会に対するソーシャルワークの責任として、障害の発生や自殺予防などの普及啓発に関する活動も含めて問われている。そして、メイヤロフ（Mayeroff, M.）は「私自身が他者の成長のために必要とされていることを感じとる。私は他者の成長が持つ方向に導かれて、肯定的に、他者の必要に応じて専心的に応答する[21]」と述べ、専心については、「この専心とは、その人の一部ではなく、その人の全体をこめてうちこむ点で全人格的なものである。（中略）またこの専心は、その期間を通して一貫性を要するもので、一意専心的なものである。（中略）それは、専心が相手にこたえ、相手の自己を実現したいという要求にこたえるものだからである[22]」と説明し、支援を行うものが具体的な支援の場においてもつ応答責任について言及している。

精神保健福祉士の支援の場におけるレスポンシビリティについて参考にしたい姿勢である。筆者が過去に働いていた病院でも支援する側の都合を優先して、「この病院では、そのようなサービスはしません」「なぜ遅れてきたのですか？　受付時間ではありません」「担当が替わったのでわかりません」などと対応している場面に出くわすことがあった。目の前に座っている精神障害者や家族などの相談者は、医療や福祉について何の情報もなく、今の生活や将来への不安の中で、われわれＰＳＷの支援を期待して来訪されるのである。そのときに、その不安や生活上の問題を共に考える姿勢で出会い、支援される側の思いを受け止め、支援を開始するのである。支援される側は「相談に乗ってほしい、この気持ちをわかってほしい」とＰＳＷを必要として相談されるのである。ＰＳＷはその求めに応じる責任がある。ＰＳＷの怠慢や無関心や不注意によって、その求めに応じられないときには、謙虚に反省し謝罪すればよいのであるが、何か理由を探して相談者に責任を転嫁してしまっていることがある。逆転の発想をすれば、ＰＳＷは支援される側に対して、自分自身をさらけ出し、その支援の関係性に自分自身をゆだねる覚悟が必要なのかもしれない[23]。

3　場（トポス）を拠点に地域を創る

柏木先生は、「トポス」を「人が生活する場、人が集まってくる場」として、そこを拠点に新しいコミュニティを創造することが、ソーシャルワーカーの役割であると強調されている[24]。

筆者は二〇〇八（平成二〇）年度より二年間にわたって、「認知症グループホームにおける運営推進会議の実態調査・研究事業」の研究をしてきた。施設処遇からより地域に近いところで生活を支援していくことが、認知症高齢者にとっても重要な課題になっている。その場合に、グループホームで行われる「運営推進会議」が地域との連携における「鍵」の位置を果たしている。今後の精神障害者の地域生活支援と地域との連携、新しいコミュニティの創造（地域づくり）において、学ぶことが多かったので研究の一端を紹介する。

二〇〇六（平成一八）年より、認知症高齢者のグループホームが地域密着型サービスの一つに体系化され、二カ月に一回「運営推進会議」を開催することが義務化された。この会議には、グループホームのスタッフと利用者や家族だけでなく、地域関係者である町内会、自治会、民生委員、老人クラブ、市町村の職員、地域包括支援センター、ボランティア、消防署職員などが参加して日常的に交流する場ができた。そして「運営推進会議」では、グループホームの活動内容の紹介や認知症研修、地域関係者との防災訓練の準備、地域全体の高齢者の問題などたくさんのことが話され、この会議を開催することを通して、グループホームが「地域とつながる」ことが可能で、その地域との連携が認知症高齢者に対する理解の促進と偏見の除去、防災・防火への対応にも有効であることが研究により明確になった。グループホームを拠点に、地域全体の高齢者の問題を話し合い、市町村などの行政機関も巻き込んで認知症高齢者の「地域課題」を議論し、新しい社会資源やサービスの構築につながっている地域も多くみられた。

認知症グループホームの支援におけるキーワードは、「生活者支援」と「地域づくり」であり、地域コンフリクトの点では多少の差異があるものの、精神障害者支援とその課題は共通している。わが国の認知症高齢者支援における地域ケア活動は急速に拡充し、日常の生活の営みを「暮らし」として実現するために、医療的支援はもとより生活者として対象を規定して支援を展開することが求められる。そして、地域の中でその支援の核となる「場（ポトス）」が存在しなければ、生活の広がりを実現することは困難である。

この研究事業の結果、認知症高齢者のグループホームにおいて「運営推進会議」を開催することが、いくつかの機能を果たすことが明らかになった。その中心的な機能は、①情報提供機能、②教育研修機能、③地域連携・調整機能、④地域づくり・資源開発機能、⑤評価機能が考えられ、以下その内容を概説する。(25)

①情報提供機能として、グループホームの活動の情報を開示することにより、自ら活動のあり方を点検することが可能になるとともに、関係者のグループホームの活動に対する理解と協力が得られる。

②教育研修機能として、グループホームの職員の資質の向上の場として活用できるだけでなく、チーム全体のサービスの質の向上のための教育研修の場となる。そして、行政職員や地域住民のグループホームに対する理解を深めるとともに、認知症に対する研修の機会ともなる。「運営推進会議」を開催することによって、職員に対する研修、地域住民に対する広報普及のための研修などの研修体系・体制を考えていくことが可能になる。

③地域連携・調整機能では、「運営推進会議」によってグループホームの周囲の地域住民や町内会、民生委員、老人クラブなどに加えて行政担当職員や消防署員、駐在所の警察官が参加することにより、地域関連機関とグループホームのネットワークが創られることになる。

グループホームの利用者も地域の住民として地域活動に参加でき、まさに開かれた施設として地域住民との交流が日常的に展開できる。防災訓練や緊急時の連絡体制の整備も可能になる。先進的に活発に展開している地域では、老人クラブ活動との交流、学童保育との連携など地域全体のニーズを拾い上げてグループホームで連携して実践している。地域との連携や調整が進んでいくと、地域の事情に応じた高齢者支援の課題を話し合い、地域における困難事例への対応について協議することも実現でき、認知症高齢者が安心して暮らすための地域のあり方を検討するなど、「地域づくり」の拠点としての役割を果たすことができる。これらの地域連携や地域づくりの機能を果たしていくうえで、グループホームは地域における連携の拠点的「場（トポス）」としての存在意義がある。

④評価機能では、利用者や家族からグループホームの活動の評価を当事者の立場から受けるだけでなく、利用者や利用者家族のニーズの評価もすることになる。そしてサービスのあり方のモニタリングを行い、利用プラン作成を再度行うこと、さらに第三者の立場からするグループホーム全体の運営評価も可能になる。

以上の機能を果たしていく努力を各々のグループホームが重ねることによって、利用者にとってはもう一つ、情報の公開と提供、利用者の参加と主体性の尊重といった権利擁護機能を満たしていくことが可能となる。このように、認知症高齢者のグループホームの地域づくりにおける拠点としての存在から学び、精神障害者が安心して暮らせる地域づくりにおいて、地域活動支援センターなどの施設が果たす役割は大きい。そして、地域生活に関する相談、地域全体のメンタルヘルスに関連する問題への相談など「相談機能」も加えて、トポスとしての存在意義がある。認知症グループホームの場合には、利用者や利用者家族が参加して、積極的に地域関係者に働きかけ、地域住民やボランティアを巻き込んで、グループホームを利用する認知症高齢者の課題だけでなく地域全体の課題を話し合っていた。

精神障害者が利用する社会復帰施設においても、活動情報を公開することで支援の密室性を克服し、地域で暮らす生活者として尊重し、安心して通える場所になること、そして、その施設を拠点に精神障害者が暮らす地域を見通していくことが可能となる。地域の課題を積極的に取り上げ、その地域の特性を大切にしながら粘り強く地域とのつながりを創り上げている認知症グループホームの活動に学ぶことは多い。ＰＳＷが、当事者とともに安心して暮らすことができる「地域（街）を創る・築く」ためには、地域社会を変革すること、つまり、新しい社会資源の開発や地域関係者の連携を当事者中心に据えること、医療から地域生活に視点を転換させることなど、今から取り組めることは山積している。ＰＳＷの「トポスを拠点（武器）に地域を創る」役割に期待したい。

パウロ・フレイレ（Freire, P.）は、希望をもつことと変革の精神が必要であると述べ、今のわれわれが置かれている現状を改革することや、支援における希望をもち続ける大切さを教えている。(26) 精神障害者の地域生活支援にあたって、地域社会をベースにした精神障害者の生活支援のあり方の追求と新しい地域の創造に向けて、私たち自身が強い希望、強い意志をもち続けていくことが求められる。その希望や変革の意識が薄れてしまうと、精神障害者に対する支援は、現状のサービスや馴れ合いの支援を押しつけてしまうだけのものになってしまう。

4 「かかわり」に関連して

「かかわり」の目標

昨年、NPO法人全国精神保健福祉会連合会の近畿地区二府四県の研修会に講師として参加したときのことである。最近の精神科病院における退院促進に伴い、入院した人の八十七％が一年以内に退院しているという話になったときに、大阪の家族会の方から厳しい意見が出された。「三カ月経つと確かに退院して帰ってくるが、家族は困惑している。どのように地域で暮らすのか、誰が支えていくのかという方針もないまま、とにかく退院して家族の元に帰ってくるだけである。病気のことも生活のこともどうしてよいかわからないまま、家族は途方に暮れている。病院の精神保健福祉士は頼りにならない」と話された。本人や家族の相談に乗ってくれる人がほしいという切実な意見であった。急性期治療病棟に配置されている精神保健福祉士は、退院を促進し病棟の回転率を上げることにたいへんなのであろう。精神保健福祉士の業務が拡大して多忙になるとともに、ソーシャルワーカーとしての専門性の軽視が生じているのではないか。ディスチャージプランナーとしての役割を果たしているものの、アイデンティティ拡散の危険性を感じる。どんなに忙しくても必ず本人に会うこと、そして家族と会って話し合い、地域生活を一緒に考えて、地域の人たちとのつながりをつくってほしい。「本人不在」は、「Y問題」以降、現在においても病院の中や地域支援の場で常に生じる危険性がある。

一方で、自立支援協議会の事例検討会に参加して感じることであるが、関係者が地域で暮らす精神障害者の支援について、毎日通う場所や訪問する職員の分担などを話し合っている場面に出くわすことがある。当事者の意思を確認しつつ話し合っているならまだしも、本人不在のこともある。私たちの支援は、当事者を精神保健福祉のネットワークに乗せることが目標ではないし、ネットワークを働かせることが目的でもない。過剰な支援の常態化は本人を無力化させ、依存性を高めることになるだけである。

精神保健福祉士のかかわりの目標は、精神障害者の「自己実現」である。地域において自分らしい生活を営み、自己実現できるように支援していきたい。それは、身の丈に応じた、自分の希望するライフスタイルで地域で暮らすことであり、そこに安心して相談できる人間関係や安心して集まれる場所が保障されなければならない。そして、二番目の目標は、「生活の質の向上」である。これは本人が自ら生活を考え、自らの生活課題に取り組むという、「本人の主体性を尊重」した主体的な問題解決の行動を精神保健福祉士が側面から支援するという視点が大切である。

当事者の生きる力を信頼すること

ラップ（Rapp, C. A.）は、精神障害者の生活を抑圧する原因の一つに心理主義があり、それは行動の大部分を「疾患」の相関要素とみなして説明する傾向があるとして、リカバリー（自分自身を回復させ、よみがえらせること）を抑圧する要因をあげている[27]。考え方として疾患に罹患していることを理由に、また再発の危険性を避けるために、当事者を環境の変化やストレスにさらさないでおこうとする傾向を示している。マーク・レーガン（Ragins, M.）は、刺激の欠如、低い期待感、活動していない状態、望みのない状態によって、陰性症状は一層悪化すると し、ストレスを避けることは、再発を減らす以上にリカバリー効果を減らす結果を生むと警告している[28]。

過去のわが国の精神科医療は、精神障害者を危険視して社会防衛思想から隔離収容政策をとってきただけでなく、精神障害者の安全を守ることを理由に、手厚い支援を保障するために精神科病院に長期入院させてきた。そして、地域生活支援においても、退院後の生活を専門家が準備し、生活のあらゆる側面に関与してきた。精神障害者の「自己決定の尊重」をいいながら、準備した支援計画に乗せることに懸命になってきた。自分で自分の人生に責任をもつことができる存在として、第一の意思決定者であることを尊重しなければ、支援の押しつけであり、ただ自己選択を迫っているだけにすぎない。

誰でも成功体験で学ぶことより、失敗したことを反省し、経験したことの判断から学ぶことのほうが多い。ソーシャルワーカーは、精神障害者が体験することや失敗することを恐れず、共に責任を分担して課題達成に向かう必要がある。責任の分担について、目標と課題達成の責任をクライエントが基本的にはすべて引き受け、次にクライエントが自然発生的な援助のネットワークの助けを借り、その次に支援者が共に課題に取り組むのが望ましいとラップは説明している[29]。

われわれが当事者がリスクにチャレンジすることをサポートするということは、つまりは当事者が差別や偏見もあるリスクに満ちた現実社会に生きる自覚形成を支援することであり、一方で、彼らの生きる力を信頼し、希望がもてるように手伝う仲間や市民や専門家がいることを知ってもらうことである。

協働へ―クライエントと向き合い、自分自身と向き合うこと

ソーシャルワーカーが「クライエントの自己決定の尊重」を支援の価値の中心において、当事者の生活課題を共に考え、その問題解決の方法を共に探索して取り組んでいくことを「協働」という。そのときのかかわりの前提として、病に焦点を当てずに生活者として尊重し、相手の痛み・悲しみに共感することと、立場の違いなどさまざまな関係性の障壁を乗り越えて対等な関係をつくっていく努力が必要となる。

ソーシャルワーカーが彼らの生活世界に近づこうとするときに、一方的に侵入するのではなく、彼らの日々の生活の営みや感情を理解しようとしているのか、今、ここに生きる人としての悩みや苦しみや喜びの感情を感じようとしているのかが問われる。精神保健福祉士がその感性を備えて、彼らの生きる力を信頼したときに、彼らは心を開いて本音や悩みを打ち明けてくれるという信頼関係が築かれるのではないだろうか。土足で心の中に踏み込むような真似をせず、日々の生活の中の息づかいを慎重に感じ取りながら、彼らの側に立って思考を巡らせるなかではじめて「協働」できるのではないかと考える。

クライエントに向き合うということは、自分自身に向き合うということでもある。それは、相互主体性の関係によりクライエントから学ぶことであり、ソーシャルワーカーの支援の向こうに自分自身を見て、自分自身の精神障害者観や差別感や支援のあり方、そして生き方に向き合うことである。

［本稿は、本書刊行に合わせ新たに書き下ろされた］

あとがき

この本の柱となった対談は、日本精神保健福祉士協会静岡県支部が全国大会を開催するにあたって、その準備に当たる会員がＰＳＷ、精神保健福祉士の意義と歴史を確認し、共有するために、柏木昭先生からお話を伺いたいということになり実現した。

出版されると聞いたとき、とても光栄に思ったが、柏木先生と共に私たちをリードしてくださった先輩や同僚の顔が浮かび「私でよかったのか」と不安になっている。

何しろ、柏木先生は私が大学生の頃、すでに自己決定原理や家族ケースワークなどの研究で知られており、当時『医療と福祉』に連載されていたケースワーク入門講座を読み、「ケースワークは問題を解決しない。それは問題を持つ個人に専門的関係を提供するだけである」という記述をめぐって、学友と議論したことを忘れることができない。

大学を卒業して精神科病院のＰＳＷとして働き始め、日本精神医学ソーシャル・ワーカー協会に加入したときは、柏木先生は協会の理事長として、会員をリードしていた。

また、国立精神衛生研究所が開催していた「社会福祉課程研修」を受講した折も教えをいただくなど、私にとって柏木先生は正真正銘の先生だからである。

その後、私のフィールドが北海道であったことや「Y問題」を巡り揺れ動いていたことから、柏木先生の教えを受ける機会が減っていたが、ＰＳＷが国家資格化されたことを契機に、同郷の門屋充郎さん、荒田寛さんや日本精神保健福祉士協会の役員の方々の仲介で、教科書の執筆や認定スーパーバイザー養成研修の講師として親しくお話をさせていただくことになった。

何よりも、精神保健福祉士の養成教育に携わるようになって、ソーシャルワーカー・ＰＳＷ・精神保健福祉士を「つなぐ」ことの重要性を痛感し、その歴史を学び直すなかで、改めて（生意気な言い方をお許しいただきたいが）協働者として、ソーシャルワーカーとして「かかわり」の重要性を提起し続ける柏木先生と出会うことができたことがとても嬉しかった。

全国大会の基調講演の機会を与えていただいたことも、日本精神医学ソーシャル・ワーカー協会と日本精神保健福祉士協会を「つなぐ」役割を果たせという意味ではないかと受け止め、今は、この一冊が困難な道を切り拓いてきた先達の期待に少しでも応える役割を果たすことができればという思いでいっぱいである。

私ごとを書いてしまったが、最後に、この柏木先生との分不相応ともいえる組み合わせ企画が日の目を見たのは、へるす出版の中村尚氏のこだわりがなければありえなかった。心から感謝する次第である。

二〇一〇年五月

佐々木敏明

引用文献

（1）Joanna C. Colcord and Ruth Z. S. Mann（eds）. The Long View：Papers and Addresses, by Mary E. Richmond. 1930, p615
（2）佐々木敏明「協会前史（～一九六三）」社団法人日本精神保健福祉士協会事業部出版企画委員会編『日本精神保健福祉士協会40年史』社団法人日本精神保健福祉士協会、二〇〇四、一八頁
（3）社会福祉提言委員会「社会福祉はこれでいいのか（9）―社会福祉に民間性の公を取り戻すために」『日本ソーシャルワーカー協会会報』五九号・通巻一〇九号、二〇〇九・二
（4）社会福祉提言委員会、前掲誌
（5）村上陽一郎『時間の科学』岩波書店、一九八六、一一四―一二六頁
（6）村上陽一郎『技術とは何か―科学と人間の視点から』ＮＨＫブックス、日本放送出版協会、一九八五、二〇二頁
（7）阿部志郎『福祉実践への架橋』海声社、一九八九、一一二頁
（8）阿部志郎『ボランタリズム』海声社、一九九〇、九〇頁
（9）河合準雄・中村雄二郎『トポスの知―箱庭療法の世界』新装版、ティビーエス・ブリタニカ、一九九三、二〇七頁
（10）カナダＳＷ協会編、岩崎浩三訳『ソーシャルワークとは？』日本ソーシャルワーカー協会ホームページ（国際情報）より
（11）社会福祉専門職団体協議会・倫理綱領委員会「ソーシャルワーカーの倫理綱領（改訂最終案）」柏木昭・荒田寛・佐々木敏明編『これからの精神保健福祉―精神保健福祉士ガイドブック』第四版、へるす出版、二〇〇九、二六二―二六四頁
（12）精研デイ・ケア研究会編『改訂　精神科デイ・ケア』岩崎学術出版社、一九九七、一八―二〇頁
（13）牛津信忠『社会福祉における相互的人格主義Ｉ―人間の物象化からの離脱と真の主体化をめざし

て』久美、二〇〇八、五五頁
(14) 木村朋子「ティナ・ミンコウィッツさんの話を聞いて」『おりふれ通信』二七五号、二〇〇八年一一・一二月合併号
(15) 神田山陽『桂馬の高跳び―坊ちゃん講釈師一代記』光文社、一九八六、二五七―二六一頁
(16) 日本精神医学ソーシャル・ワーカー協会「Y問題調査報告により提起された課題の一般化について」社団法人日本精神保健福祉士協会事業部出版企画委員会編『日本精神保健福祉士協会40年史』社団法人日本精神保健福祉士協会、二〇〇四、一七一―一八九頁
(17) 大野和雄「『Y問題』から何を学ぶか」日本精神保健福祉士協会編『これからの精神保健福祉―精神保健福祉士ガイドブック』第三版、へるす出版、二〇〇三、四一―五〇頁
(18) 佐々木敏明「『Y問題』から何を学ぶか」柏木昭・荒田寛・佐々木敏明編『これからの精神保健福祉―精神保健福祉士ガイドブック』第四版、へるす出版、二〇〇九、五四―六四頁
(19) 新村出編『広辞苑』第六版、岩波書店、二〇〇八、一九六二頁
(20) 岡田忠克「ケアと人間福祉」住谷磬他編著『人間福祉の思想と実践』ミネルヴァ書房、二〇〇三、一一〇―一一三頁
(21) M・メイヤロフ著、田村真・向野宣之訳「他者を成長させることとしてのケア」『ケアの本質―生きることの意味』ゆみる出版、一九八七、二六頁
(22) (21)に同じ、一九三―一九四頁
(23) (21)に同じ、八〇頁
(24) 柏木昭「新しいコミュニティの創造をめざして―私たちの立ち位置の確認」『精神保健福祉』第四〇巻第三号・通巻七九号、二〇〇九、一八九―一九五頁
(25) 荒田寛『認知症グループホームにおける運営推進会議の実態調査・研究事業報告書』独立行政法人福祉医療機構「長寿・子育て・障害基金」平成二〇年度助成事業
(26) P・フレイレ著、里見実訳『希望の教育学』太郎次郎社、二〇〇一、六―一二頁

(27) C・A・ラップ、R・J・ゴスチャ著、田中英樹監訳『ストレングスモデル―精神障害者のためのケースマネジメント』第二版、金剛出版、二〇〇八、四一頁
(28) M・レーガン著、前田ケイ監訳『ビレッジから学ぶリカバリーへの道―精神の病から立ち直ることを支援する』金剛出版、二〇〇五、六〇-六一頁
(29) (27)に同じ、一六〇-一六一頁

参考文献

Ⅰ-1
・社団法人日本精神保健福祉士協会事業部出版企画委員会編『日本精神保健福祉士協会40年史』社団法人日本精神保健福祉士協会、二〇〇四
・岡本民夫・平塚良子編著『ソーシャルワークの技能―その概念と実践』ミネルヴァ書房、二〇〇四、三二-三八頁
・松岡敦子「ソーシャルワークの実践とは何ですか」『ソーシャルワーク研究』第三〇巻一号、二〇〇〇、四-八頁、
・柏木昭「ソーシャルワーカーとしての精神保健福祉士」『精神保健福祉』第三〇巻第一号・通巻四〇号、一九九九、
・石川到覚「新しい時代に期待される精神保健福祉士の役割」『精神保健福祉』第三一巻第四号・通巻四四号、二〇〇〇、五-一〇頁

Ⅱ-2
・芝野松次郎「社会福祉領域における援助」望月昭編『対人援助の心理学』朝倉書店、二〇〇七、六一-八一頁
・対馬節子「社会福祉実践におけるスーパービジョンの今日的課題―スーパービジョンの効果についての考察」『社会福祉研究』第六一号、一九九四、一八-三四頁

・H・L・ドレイファス、S・E・ドレイファス著、椋田直子訳『純粋人工知能批判―コンピュータは思考を獲得できるか』アスキー、一九八七
・荒川義子編著『スーパービジョンの実際―現場におけるその展開のプロセス』川島書店、一九九一
・黒川昭登『スーパービジョンの理論と実際』岩崎学術出版社、一九九二
・D・E・ペティース著、松本武子・木村嘉男訳『社会福祉のスーパービジョン』誠信書房、一九七六
・塩村公子『ソーシャルワーク・スーパービジョンの諸相―重層的な理解』中央法規出版、二〇〇〇
・深澤道子・江幡玲子編「スーパービジョン・コンサルテーション実践のすすめ」『現代のエスプリ』三九五号、二〇〇〇
・植田寿之『対人援助のスーパービジョン―よりよい援助関係を築くために』中央法規出版、二〇〇五
・福山和女編著『ソーシャルワークのスーパービジョン―人の理解の探求』ミネルヴァ書房、二〇〇五

初出誌等一覧

Ⅰ-1　アイデンティティ拡散の危機
日本精神保健福祉士協会誌『精神保健福祉』第三九巻第三号・通巻七五号（二〇〇八年九月二五日発行）
《原題は「成長する精神保健福祉士―さまざまな〝枠〟をこえて」第44回社団法人日本精神保健福祉士協会全国大会／第7回日本精神保健福祉学会　基調講演》

Ⅰ-2「協働」の思想、ソーシャルワークに帰れ
第44回社団法人日本精神保健福祉士協会全国大会／第7回日本精神保健福祉学会・静岡大会抄録集　別冊資料「平成20年度静岡県精神保健福祉士協会冬季研修会報告」
《原題は「対談　ソーシャルワーカーとPSWと精神保健福祉士―歴史をひもときながらソーシャルワーカーとは」》

Ⅰ-3　〝トポス〟の創造とソーシャルワーカー
日本精神保健福祉士協会誌『精神保健福祉』第四〇巻第三号・通巻七九号（二〇〇九年九月二五日発行）
《原題は「新しいコミュニティの創造をめざして―私たちの立ち位置の確認」第45回社団法人日本精神保健福祉士協会全国大会／第8回日本精神保健福祉学会　基調講演》

Ⅱ-2　スーパービジョン論
社団法人日本精神保健福祉士協会第4回認定スーパーバイザー養成研修・基礎編　資料
《原題は「スーパービジョンの課題」》

P・r・o・f・i・l・e

柏 木　昭　*KASHIWAGI, Akira*

聖学院大学総合研究所 名誉教授

1954年6月 ボストン大学スクール・オブ・ソーシャルワーク卒業（マスター・オブ・サイエンス）／1955年2月 国立精神衛生研究所／1988年4月 淑徳大学教授／1998年4月 聖学院大学人文学部教授／1999年7月 日本精神保健福祉士協会名誉会長／2003年4月 聖学院大学総合研究所客員教授／2005年4月 同大学院教授／2010年4月 現職.

［専攻］社会福祉方法論，精神保健福祉論

［所属学会等］日本精神保健福祉士協会名誉会長，日本社会福祉学会名誉会員，国立精神保健研究所名誉研究所員，日本デイ・ケア学会理事，NPO法人けやき精神保健福祉会理事長（東京都杉並区）.

［著書］『親と子の精神衛生』日本基督教団出版局，1963.『ケースワーク入門』川島書店，1966.『改訂 精神科デイ・ケア』（編著）岩崎学術出版社，1997.『社会福祉と心理学』（共著）一粒社，1977.『医療と福祉のインテグレーション』（編著）へるす出版，1997.『新精神医学ソーシャル・ワーク』（編著）岩崎学術出版社，2002.『スーパービジョン―誌上事例検討を通して』（編著）へるす出版，2007.『第4版 これからの精神保健福祉』（編著）へるす出版，2009.

佐々木敏明　*SASAKI, Toshiaki*

聖隷クリストファー大学社会福祉学部 教授

1967年3月 北星学園大学文学部社会福祉学科卒業／1967年4月 室蘭市立総合病院PSW／1970年7月 国立武蔵療養所PSW／1972年7月 北海道立精神衛生センターPSW／1987年6月 北海道保健環境部保健予防課・生活福祉部障害福祉課／1993年4月 東日本学園大学（現：北海道医療大学）看護福祉学部教授／1999年4月 東北文化学園大学医療福祉学部教授／2003年4月 現職.

［専攻］ソーシャルワーク，精神保健福祉論.

［所属学会等］日本社会福祉学会，日本ソーシャルワーク学会，日本ソーシャルワーカー協会，日本精神保健福祉士協会，日本医療社会事業協会.

［著書］『改訂第3版増補新版 精神保健福祉論』（編著），『改訂第3版増補 精神保健福祉援助技術総論』（編著）および同『各論』（編著），以上 へるす出版，2008.『第4版 これからの精神保健福祉』（編著）へるす出版，2009.

荒 田　寛　*ARATA, Hiroshi*

龍谷大学社会学部 教授

1973年3月 日本福祉大学社会学部卒業／1973年4月 広島県立尾道福祉事務所／1976年4月 広島県立精神衛生センター／1983年4月 医療法人社団一陽会陽和病院／1998年11月 国立精神・神経センター精神保健研究所／2003年3月 大正大学大学院文学研究科修士課程社会福祉学専攻修了／2004年4月 現職.

［専攻］社会福祉学

［所属学会等］日本精神科救急学会理事・評議員，日本デイ・ケア学会理事・評議員，日本精神保健福祉士協会相談役.

［著書］『医療と福祉のインテグレーション』（共著）へるす出版，1997.『心理・福祉臨床の実践2―心の障害と精神保健福祉』（共著）ミネルヴァ書房，2000.『精神保健福祉ボランティア―精神保健と福祉の新たな波』（共著）中央法規出版，2001.『新精神医学ソーシャルワーク』（編著）岩崎学術出版社，2002.『新版第3版 介護福祉士講座10―精神保健』（共著）中央法規出版，2006.『臨床福祉学』（共著）弘文堂，2006.『改訂第3版増補 精神科リハビリテーション学』（編著），『改訂第3版増補新版 精神保健福祉論』（共著），『改訂第3版増補 精神保健福祉援助技術総論』（編著）および同『各論』（共著）他，以上 へるす出版，2008.『第4版 これからの精神保健福祉』（編著）へるす出版，2009.『第4版 これからの精神保健福祉』（共編著）へるす出版，2009.

JCOPY 〈(社)出版者著作権管理機構 委託出版物〉

本書の無断複写は著作権法上での例外を除き禁じられています。複写される場合は，そのつど事前に，下記の許諾を得てください。
(社)出版者著作権管理機構
TEL. 03-3513-6969　FAX. 03-3513-6979　e-mail : info@jcopy.or.jp

ソーシャルワーク　協働の思想
〝クリネー〟から〝トポス〟へ

発行日――2010年5月28日　第1版第1刷発行

著　者――柏木　昭　佐々木敏明　荒田　寛
発行者――岩井　壽夫
発行所――株式会社 へるす出版
〒164-0001 東京都中野区中野2-2-3
tel. 03-3384-8035(販売) 03-3384-8177(編集)
振替 00180-7-175971
印刷所――三報社印刷株式会社

©KASHIWAGI Akira, SASAKI Toshiaki, ARATA Hiroshi 2010 Printed in Japan.
ISBN978-4-89269-707-4
へるす出版ホームページ http://www.herusu-shuppan.co.jp
＊落丁・乱丁本はお取り替えいたします．定価はカバーに表示してあります．

●Publication Guide 2010.

激動の時代を切り拓く，PSW新実践指針

［第4版］これからの精神保健福祉

精神保健福祉士ガイドブック

Guidebook for Psychiatric Social Workers, The 4th Edition

編集／柏木 昭 聖学院大学大学院　荒田 寛 龍谷大学　佐々木敏明 聖隷クリストファー大学

第4版の編集の方針として、行き届いた説明を心がけたことはもちろんだが、何よりも精神保健福祉領域におけるソーシャルワーカーの実践的視点で一貫することを特徴としたいと考えた。時代が変転するとともに打ち出される施策がどうであろうと、利用者のニーズに基づいて、精神保健福祉士のもつべき理念は変わりなく継承されていくべきである。諸施策の改変の説明を明確に追いかけることが無意味だというわけではないが、本書はむしろその縦糸として精神障害者を生活者としてみるソーシャルワークの視点と、横糸として利用者がもつ社会的問題に対するソーシャルワーカーの対応の課題を明らかにするという方針が大事だと考えた。

［柏木昭　第4版の序より］

●B5判／本文2色刷／280頁／定価3,360円（税込）

第1章　精神保健福祉の動向
第2章　精神保健福祉士（PSW）とは
第3章　精神保健福祉士（PSW）の活動の実際
第4章　新たな動向と課題への取組み
［資料］　社団法人日本精神保健福祉士協会倫理綱領・ソーシャルワーカーの倫理綱領（改訂最終案）・社団法人日本精神保健福祉士協会年表

絶賛発売中！

へるす出版新書 003

かかわりの途上で

こころの伴走者、PSWが綴る19のショートストーリー

相川章子・田村綾子・廣江 仁／共著

PSWとは何をする人なのか。
いま、明かされる「ソーシャルワーク」という生き方。

●こころ病む人を支え、寄り添う、19編の「かかわり」の物語

祭り太鼓／ドーベルマンのクマ／生きる意味／自慢の母ちゃん／悔恨／合唱／うれしい裏切り／三時間待ちのドーナツ／平手打ちのこころ／第三の住人／ばら色の頬／実習生の大ちゃん／バットは振り続けなければ／手紙／みんなのための優勝／この村が好きだから／新緑から盛夏まで／ジャガイモの芽／ソーシャルワークとプロ野球

●新書判　274頁／定価1,260円（税込）

へるす出版　〒164-0001 東京都中野区中野2-2-3 振替：00180-7-175971
（販売）TEL 03-3384-8035 FAX 03-3380-8645 （編集）TEL 03-3384-8177 FAX 03-3380-8627
http://www.herusu-shuppan.co.jp